奇姓通

（第三册）

UESTCP
电子科技大学出版社

第三册目録

奇姓通　卷十一……一
奇姓通　卷十二……一〇一
奇姓通　卷十三……二〇一
奇姓通　卷十四……二九九

奇姓通卷十一　複姓

漆雕馬人　五鹿充宗

王子城父　南宮敬叔

武安恭　施屠渾都

伍參蹇　子服景伯

呂管次祖　連尹襄老

周陽由　勝屠公

五鳩盧　工僂灑

毋丘儉　鍾吾蒼

箴尹宜咎　舒鮑無終

庫汗勤　爾朱洞

微生畝　叔山冉

中野彪　戲陽速

少正卯　祁夜豐

沮渠蒙遜　師祁黎

蒲盧胥　公斂處父

無庸先生　西方鄴

公良孺　西王國

申公巫臣　西閭過

惠叔偸　無婁先生

屠岸賈　廖叔惠

安是叔施　公息忌

陶叔狐　墨胎初

王人宰公　家僕徒

東闗五　靡父樂陽

成功恢禹　藍尹亹

南鄉槐　瞻葛祁

馬矢匡　東門子家

奔疾休　季瓜忠

子桑戶　顓婁子

諸稽郢　邵皓宣

木門子高　鮮于文宗

賀蘭進明　毋車伯奇

叔服子要　廚人濮

祝圉逄　曰季宣

伯昏無人　默台峯

根木氏　北宮文子

于巳衍　狐丘丈人

左人郢　古成夔

列精子高　肩吾氏

高陵顯　中行穆伯

公文要　賈孫騷

庚桑楚　鐵力必失
斜烈冄　斛律朙月
子有善祥　安期生
尚方禁　黑夷皐
東宮得臣　新穉穆子
奔水氏　東陽無疑
其思葦子　公冶志

賀拔勝

曼丘不澤

秃髪傉檀

京相璠

夾谷檝

谷那律

黑齒常之

庫狄士文

伊婁謙

綦毋張

洞沐孟陽

紇干承基

乙弗弘禮

石抹閗安

相里子　西乞術
務成軺　廩丘充
屠羊說　東戶季子
於陵子仲　羿必何力
季尹然　薛孤延
越人蒙　公仲朙
子午朙

奇姓通卷十一 複姓

江陰夏樹芳茂卿輯
華亭陳繼儒仲醇校

漆雕馬人

聖門人物志。漆雕馬人能知人。善立言。孔子嘗問漆雕馬人曰。子事臧文仲武仲孺子容。三大夫者孰爲賢。漆雕馬人對曰臧氏家有龜焉名曰蔡文仲立三年爲一兆焉武仲立三年爲二兆焉孺子容立三年爲三兆焉馬人見之矣若夫三大夫之賢不賢馬人不識也孔子曰君子哉漆雕氏之子其言人之美也隱而顯其言人之過也微而著故智不能及明不能見得無數卜乎又漆雕開爲孔子弟子漆雕徒父漆

雕哆亦孔子弟子皆嗜學涉道孜孜不倦

五鹿充宗

善爲梁丘易漢元帝好之令與諸易家論難齒頰錚錚錚諸儒莫能抗時與石顯牢梁爲黨人歌曰牢耶石耶五鹿客耶印何纍纍綬若若耶由朱雲石顯傳

王子城父

呂覽。管仲薦於桓公曰。今夫平原廣野。車不給軌。士不旋踵。一鼓而起。三軍之士。視死如歸。臣不如王子城父。請置爲大司馬。桓公曰善。又漢有王子中同治尚書。

南宮敬叔

家語。南宮适字子容。又名縚。居南宮。又曰南宮敬叔云。初敬叔以富得辠於定公奔衛載其寶以朝夫子聞之曰若是其貨也喪不如速貧之愈也子游侍曰敢問何謂孔子曰富而不好禮殃也敬叔聞之遂循禮施散焉」哀公三年五月辛卯司鐸火踰公宮救火者皆曰顧府南宮敬叔至命周人出御書俟於宮故子服景伯遂命宰人出禮書惟是周禮在魯而典籍尚存者敬

叔之力爲多也

武安恭

漢千乘侯秦白起封武安君因以爲氏

施屠渾都

絳侯世家燕王盧綰反勃以相國代樊噲將擊下薊得綰大將抵丞相偃守陘太尉弱御史大夫施屠渾都索隱曰施屠姓渾

都名。

伍參蹇

楚昭王時人。楚伍參之後。

子服景伯

左傳。子服景伯。昭伯回子也。哀公七年。公會吳於鄫。吳徵魯百牢。景伯對曰。先王未之有也。周之王也。制禮上物不過十二。以爲天之大數也今棄周禮而曰必百牢亦惟執事吳人不聽景伯曰吳將亾矣棄天而背本不與必棄疾於我乃與之季康子欲伐邾景伯曰小所以事大信也大所以保小仁也民保於城城保於德失二德者民將焉保秋季氏伐邾以邾子來獻于亳社邾茅夷鴻請救於吳明年吳師伐魯

呂管次祖

漢中山人。爲鉅鹿都尉。

連尹襄老

左傳。連尹襄老。楚大夫。娶夏姬。邲之戰。荀首抽矢菆以射襄老獲之。

周陽由

漢書酷吏傳。周陽由。其父趙兼以淮南王

舅侯周陽故因氏焉由以宗家任為郎事
文帝景帝時由為郡守武帝即位吏治尚
修謹然由居二千石中最為暴酷驕恣所
愛者撓法活之所憎者曲法滅之所居郡
必夷其豪為守視都尉如令為都尉陵太
守奪之治汲黯為忮司馬安之文惡俱在
二千石列同車未嘗敢均茵馮後由為河

東都尉與其守勝屠公爭權相告言勝屠
公當抵罪議不受刑自殺而由棄市自甯
成周陽由之後事益多民巧法大抵吏治
類多成由等矣又三國魏文帝時有周陽
成能善占異

勝屠公

見上

五鳩盧

路史。後趙將軍。

工僂灑

左傳工僂灑。閭丘嬰之黨。又工僂會。齊大夫。

毋丘儉

三國志。毋丘儉。聞喜人。魏明帝爲荆州刺

史及帝欲討遼東以儉有幹略使刺幽州
時高句麗數侵叛儉督步騎萬人討之追
至肅愼氏南界勒石紀勳以定邊功進封
西邑侯又有母丘長安丘人與母俱行市
道遇醉漢辱其母殺之而亾

鍾吾蒼

漢人尉氏令左傳鍾吾子之後

箴尹宜咎

陳人楚箴尹克黃之後克黃令尹子文之孫爲箴邑尹使於齊還及宋聞亂其人曰不可以入矣箴尹曰棄君之命獨誰受之君天也天可逃乎遂歸復命而自拘於司敗王思子文之治曰子文無後何以勸善使復其所改命曰生後遂以箴尹爲氏焉

舒鮑無終

晉悼公大夫寰宇記舒鮑城在舒城西北。

庫汗勳

唐貞元中殿中御史。

爾朱洞

唐時人遇異人得道僖宗朝落魄成都市中嘗於江濱取白石投水賣丹市中價十

二萬刺史召問其直更增十倍以其反覆
盛以篾籠棄諸江至涪州漁人姓石者得
之授以丹藥二人俱仙去張商英爲作傳

微生畝

魯人又微生高武城人

叔山冉

左傳叔山冉謂養由基曰雖君有命爲國

故子必射乃射冉發盡殪叔山冉搏人以投中車折軾晉師乃止又曾有兀者叔山無趾踵見仲尼仲尼曰子不謹前既以犯患若是矣雖今來何及矣無趾曰吾惟不知務而輕用吾身吾是以亡足今吾來也猶有尊足者存

中野彪

楚文王御史。

戲陽速

左傳。衛侯爲夫人南子召宋朝。會于洮。太子蒯聵獻盂于齊。過宋野。野人歌之曰。既定爾婁豬。盍歸吾艾豭。太子羞之。謂戲陽速曰。從我而朝少君。少君見我。我顧乃殺之。速曰。諾。乃朝夫人。夫人見太子。三顧。速不進。夫人見其色。啼而走曰。蒯聵將殺予。公執其手以登臺。太子奔宋。盡逐其黨。故公孟彄出奔鄭。自鄭奔齊。太子告人曰。戲陽速禍予。戲陽速告人曰。太子則禍予。太子、無道、使予殺其母、余不許、將戕於予。若殺夫人、將以余說、余是故許而弗爲、以紓余、死、諺曰、民保於信、吾以信義也、又有戲陽扶爲晉卿。

少正卯

論衡。少正卯在魯。與孔子並。孔子之門三盈三虛。惟顔淵不去。顔淵獨知孔子聖也

祁夜豐

漢龍驤將軍。見英賢傳。

沮渠蒙遜

十六國春秋北涼沮渠蒙遜起游林堂於
內苑圖列古聖賢之象堂成讌羣臣談論
經傳顧謂郎中劉昞曰仲尼何如人也昞
曰聖人也遜曰子畏於匡辱於陳伐樹於
宋聖人固如是乎昞不能對遜曰昔魯人
有泛海而遂其津者至於亶州見仲尼及
七十子游於海中授魯人一木杖令閉目

乘之使歸。告魯侯築城以備寇。魯人出海。投杖水中乃龍也。具以狀告。魯侯不信。俄而有羣燕數十萬銜土培城。城完曲阜則齊寇至。攻魯弗克而還。此所以稱聖也。

師祁黎

楚人。見左傳。」又有師祁番。漢儀郎。

蒲盧胥

齊人善弋射

公歛處父

史記孔子言于定公曰臣無藏甲大夫無百雉之城使仲由爲季氏宰將墮三都於是叔孫氏先墮郈季氏將墮費公山不狃叔孫輒率費人襲魯公與三子入于季氏之宮登武子之臺費人攻之弗克孔子命

申句須樂頎下伐之敗諸姑蔑二子奔齊遂墮費將墮成公斂處父謂孟孫曰墮成齊人必至於北門且成孟氏之保鄣無成是無孟氏也我將弗墮十二月公圍成弗克又左傳公斂處父郎公斂陽陽虎作亂公斂處父與陽氏戰于棘下陽氏敗陽貨說甲如公宮竊寶玉大弓以出

無庸先生

英賢傳楚熊渠生無庸因氏焉有無庸先生學仙道

西方鄴

五代時人父再遇爲州軍校鄴居軍中以勇力聞年二十莊宗以爲孝義指揮使從征伐有功爲曹州刺史又有西方琥宋時

登科。爲淄州人。

公良孺

史記。孔子去陳過蒲。會公叔氏以蒲叛。孔子弟子有公良孺者。以私車五乘從孔子。其爲人長。有勇力而賢。謂曰。吾昔從夫子遇難於匡。今又遇難於蒲。命也已。吾與夫子再罹難。寧鬭而死。蒲人懼。

西王國

新序。子夏曰。禹學于西王國。

申公巫臣

又名屈巫。楚公族也。公伐蕭。師多寒栗。巫臣勸公拊而循之。三軍之士皆如挾纊。

西閭過

說苑。西閭過東渡河。中流而溺。船人接而

出之問曰今者子欲安之西閭過曰欲東説諸侯王船人掩口而笑曰子渡河中流而溺不能自救安能説諸侯乎西閭過曰無以子之所能相傷爲也子獨不聞和氏之璧乎價重千金然以之間紡曾不如瓦塼趙侯之珠國之寶也然用之彈曾不如泥丸騏驥騄駬倚衡受軛而趨一日千里

此至疾也然使捕鼠曾不如百錢之貍干將鏌鋣拂鍾不錚試物不知揚刃離金斬羽契鐵斧此至利也然以補履曾不如兩錢之錐今子持楫乘扁舟處廣水之中當陽侯之波而臨淵流適子所能耳若誠與子東說諸侯王子之蒙蒙無異夫未視之狗耳

惠叔偸

漢尚書。姬姓。魯大夫孟惠叔之後。

無婁先生

莒公子無婁之後。有無婁先生著書。今瑯琊有此姓。

屠岸賈

說苑。晉趙盾薨。子朔嗣爲卿。屠岸賈攻趙

氏於下宮殺趙朔趙括趙嬰齊滅其族其朔妻成公姊有遺腹走公宮匿復生男乳朔客程嬰持孤亡匿山中居十五年晉景公疾問韓厥趙尚有後子孫乎韓厥具以實對於是景公乃與韓厥謀立趙孤兒而匿之宮中孤兒名曰武諸將不得已乃曰昔下宮之難屠岸賈實爲之於是召趙武

程嬰徧拜諸將軍攻屠岸賈而滅其族。又

晉大夫有屠岸夷。

廖叔惠

秦大夫。古飂叔安之後。

安是叔施

周時爲晉大夫。

公息忌

呂覽郲之故法爲甲裳以帛公息忌謂郲君曰不若以組凡甲之所以爲固者以滿竅也今竅滿矣而任力者半耳且組則不然竅滿則盡任力矣郲君以爲然曰將何所以爲組也公息忌對曰上用之則民爲之矣郲君乃下令爲甲必以組公息忌知說之行也因令其家皆爲組人有傷之者

曰公息忌之所以欲用組者其家多爲組也郲君不悅於是復下令爲甲無以組夫一甲耳爲組而便公息忌雖多爲組何傷也以組不便公息忌雖無組亦何益也爲組與不爲組不足以累公息忌之說用組之心不可不察也

陶叔狐

晉文公臣。又漢有陶叔巷。青州刺史。

墨胎初

索隱曰。孤竹君殷湯所封。傳至夷齊之父。名初。字子朝。應劭曰。姓墨胎氏。至伯夷姓墨氏。名允。字公信。叔齊名智。字公達。夷齊其謚也。出春秋少陽篇。墨音眉。台音怡。

王人宰公

漢安平太守

家僕徒

國語蛾皙謂慶鄭曰君之止子之辠也今
君將來子何俟慶鄭曰鄭也聞之曰軍敗
死之將止死之二者不行又重之以誤人
而喪其君有大辠三將安適公至于絳郊
聞慶鄭止使家僕徒召之曰鄭也有辠猶

在乎慶鄭曰臣請待即刑以成君政君雖不刑必自殺也君曰斬鄭無使自殺家僕徒曰有君不忌有臣效刑其聞賢于刑之梁由靡曰不聞命而擅進退犯政也快意喪君犯刑也鄭也賊而亂國不可失也丁丑斬慶鄭

東闞五

國語。晉獻公幸臣。驪姬賂之以間太子申生。又東關義漢將軍。封北亭侯。

靡父樂陽

漢人。

成功恢禹

漢人見萬姓通譜。

藍尹亹

國語子西歎于朝藍尹亹曰吾聞君子惟獨居思念前世之崇替與哀殯喪於是有歎其餘則否今吾子臨政而歎何也子西曰闔閭能敗吾師闔閭即世吾聞其嗣又甚焉吾是以歎對曰子患政德之不修無患吳矣夫闔閭朝夕勤志恤民之羸聞一善若驚得一士若賞有過必悛有不善必

懼是故得民以濟其志今吾聞夫差好罷民力以成私好縱過而翳諫一夕之宿臺榭陂池必成六畜玩好必從夫先自敗也已焉能敗人子修德以敗吳吳將斃矣

南鄉槐

漢羽林將軍

瞻葛祁

宋大夫英賢傳有熊氏之後。

馬矢匡

魯大夫見左傳公山弗擾下。

東門子家

魯大夫國語定王八年使劉康公聘于魯。發幣于大夫季文子孟獻子皆儉叔孫宣子。東門子家皆侈。歸。王問魯大夫孰賢對曰季孟其長處曾乎叔孫東門其亡乎東門之位不若叔孫而泰侈焉不可以事二君叔孫之位不若季孟而亦泰侈焉不可以事三君若登年以載其毒必亡又漢有東門雲荆州刺史晉有東門奐濟陰太守

弃疾休

周卿楚平王名弃疾因以爲氏

季瓜忠

漢人見漢書。

子桑戶

莊子。子桑戶。子琴張。孟子反。三人相視而笑。莫逆於心。遂相與友。莫然有閒。而子桑戶死。未葬。孔子聞之。使子貢往待事焉。或編曲。或鼓琴。相和而歌曰。嗟來桑戶乎。嗟來桑戶乎而以反其眞而我猶爲人猗子貢趨而進曰敢問臨尸而歌禮乎孔子曰彼游方之外者也而我游方之內者也彼方且與造物者爲人而游乎天地之一氣彼以生爲附贅縣疣以死爲決𤴯潰癰又烏知死生先後之所在假於異物托於同體忘其肝膽遺其耳目又烏能憒憒然爲

世俗之禮以觀衆人之耳目哉

顰妻子

周時人見說苑

諸稽郢

國語越王勾踐命諸稽郢行成於吳曰寡君句踐使下臣郢不敢顯然布幣行禮敢私告於下執事曰昔者越國見禍得辠於

天王天王親趨玉趾以心孤勾踐而又宥
赦之君王之於越也繄起死人而肉白骨
也孤不敢忘天災其敢忘君王之大賜乎
今君王不察盛怒屬兵將殘伐越國越國
固貢獻之邑也君王不以鞭箠使之而辱
君士使寇令焉勾踐請盟夫諺曰狐埋之
而狐搰之是以無成功今天王既封殖越

國以明聞于天下而又刈亡之是天王之無成勞也雖四方之諸侯則何實以事吳敢使下臣盡辭。惟天王秉利度義焉。

邵皓宣

晉平陽從事。見晉書。

木門子高

衛大夫。宋公子食采木門。因以爲氏。

鮮于文宗

漢有鮮于文宗。七歲喪父。父以種芋時亾。朙年此時。對芋嗚咽。如此終身。又鮮于仲通。天寶末爲劍南節度使。以忤楊國忠遭貶。顏眞卿爲誌其墓。

賀蘭進朙

唐詩人。至德中遷嶺南經畧使。又賀蘭越

石。武、士、驤、壻。

毋車伯奇

漢下邳相見風俗通。

叔服子要

晉大夫見。姓苑。

廚人濮

周禮。廚人以官爲氏。左傳。冬十月。華登以吳師救華氏齊烏枝鳴戌宋厨人濮曰軍志有之先人有奪人之心後人有待其衰盍及其勞且未定也伐諸若入而固則華氏衆矣悔無及也從之丙寅齊師宋師敗吳師于鴻口獲其二帥公子苦雂偃州員華登帥其餘以敗宋師公欲出厨人濮曰吾小人可藉死而不能送亡君請待之乃

狗曰揚徽者公徒也衆從之公自揚門見
之下而巡之曰國亾君死二三子之恥也
豈專孤之辠也齊烏枝鳴曰用少莫如齊
致死齊致死莫如去備彼多兵矣請皆用
劍從之華氏北復即之厨人濮以裳裹首
而荷以走曰得華登矣遂敗華氏于新里

祝圉逢

漢侍御史。見漢書。

曰季宣

魯人。齊公子曰季之後。

伯昏無人

列禦寇爲伯昏無人射。引之盈貫。措杯水其上。發之鏑矢。復沓方矢。復寓。當是時也。猶象人也。伯昏無人曰。是射之射。非不射之射也嘗試與汝登高山履危石臨百仞之淵若能射乎於是無人遂登高山履危石臨百仞之淵背逡巡足二分在外揖禦寇而進之禦寇伏地汗流至踵伯昏無人曰夫至人者上闚青天下潛黄泉揮斥八極神氣不變今汝怵然有恂目之志爾於中也殆矣夫夫無人莊子作瞀人

黙台峯

漢人見六帖。

根水氏

世本。老童娶根水氏。

北宮文子

衛人。相衛侯如楚見令尹圍之威儀。言于

衛侯曰。令尹似君矣。將有他志。雖獲其志。

不能終也。公曰何以知之。對曰。詩云。敬慎威儀。惟民之則。令君無威儀。民無則焉。不可以終。公曰善哉。

于已衍

漢京兆尹。見尚古類氏錄。

狐丘丈人

晉大夫狐丘林之後。列子。狐丘丈人謂孫

叔敖曰人有三怨汝知之乎爵高者人妬之官大者主惡之祿厚者怨逮之孫叔敖曰吾爵益高吾志益下吾官益大吾心益小吾祿益厚吾施益博以是免於三怨可乎孫叔敖疾將死戒其子曰我死王則封汝汝必無受利地楚越之間有寢丘者此地不利而名甚惡楚人鬼而越人機可長

有者惟此也已而王果以美地封其子乃請寢丘與之至今不失。

左人郢

仲尼弟子見闕里志。

古成夒

唐開元時爲雲陽尉見新唐書。

列精子高

呂覽列精子高聽行乎齊湣王善衣東布衣白縞冠顙推之履時會朝雨袪步堂下謂其侍者曰我何若侍者曰公姣且麗列精子高因步而窺於井粲然惡丈夫之狀也喟然歎曰侍者為吾聽行於齊王也夫何阿哉又況於所聽行乎萬乘之主人之阿之亦甚矣而無所鏡其殘亡無日矣

肩吾氏

漢東海太守。

高陵顯

漢諫議大夫。見漢書。

中行穆伯

國策。中行穆伯攻鼓弗能下。餽聞倫曰。鼓之嗇夫。聞倫知之。請無罷武大夫而鼓可

得也穆伯弗應左右曰不使何也穆伯曰
聞倫爲人佞而不仁若使下之吾可以弗
賞乎若賞之是賞佞人佞人得志是使晉
國之武舍仁而歸佞雖得鼓將何所用之

公文要

衛大夫

賈孫騷

漢時爲侍中。北海人。

庚桑楚

郎亢倉子。列子曰。老聃之弟有亢倉子。得聃之道。能以耳視而目聽。魯侯聞之。使上卿委聘而至焉。亢倉子曰。此傳者之妄。我能視聽不用耳目。不能易耳目之用。我體合於心。心合於氣。氣合於神。神合於無。雖遠在八荒之外。近在眉睫之內。來干我者我必知之。乃不知是我七孔四支之所覺心腹六藏之所知。其自知而巳矣。魯侯聞之以告仲尼。仲尼笑而不答。

鐵力必失

鬬句容人。永樂中任鴻臚寺序班。

斜烈鳥

字周瑞。唐壽泗元帥。

斛律明月

北史齊將與達奚武戰。斛律明月遺武書曰。鴻鵠已翔於寥廓。羅者猶視於沮澤。武覽。遂班師。又斛律光聞琅琊王殺和士開。撫掌大笑曰。龍子作事。故自不凡。入見後主于永巷曰。小兒弄兵。與交手。即亂。鄙諺云奴見大家心欻至尊宜首出千秋門瑯琊必不敢動乃步道使人走出曰大家來儼徒駭散帝駐馬橋上進呼之儼猶立不進光就而謂之曰天子弟殺一漢何苦孰其手而前爲之請於帝曰瑯琊年少膓肥腦滿輕爲舉措長大自不復然願滿其辠

子有善祥

會人見禮記

安期生

瑯琊人賣藥海上始皇與語三日夜賜金璧萬數出阜鄉亭皆置之而去以赤玉舃一兩爲報廣州有菖蒲澗安期所餌也郭祥正詩云菖蒲澗中生九節流水遂作菖蒲香安期服之已仙去謾說爾舃留秦皇

尚方禁

漢書。朱博守左馮翊。長陵大姓尚方禁。少時盜人妻。見斫。府功曹受賄。白除禁調守尉。博聞之。以他事召見。視其面。果有瘢。博辟左右問禁。禁自知情得。叩頭服狀。博笑曰。馮翊欲灑卿恥。抆拭用卿。能自效不。因親信之。以爲耳目。禁晨夜發起盜賊及他

服奸大有功效因擢禁連守縣令禁亦兢兢不敢蹉跌博遂成就之觀博之使過用人若此宜乎起一縣功曹而卒拜相封侯赫赫也

黑夷皐

周時有黑夷皐又有黑夷須宋大夫見風俗通

東宮得臣

周時爲齊大夫後隱嵩山壽三百歲

新穉穆子

國語趙襄子使新穉穆子伐翟勝左人中人遽人來告襄子將食尋飯有恐色侍者曰狗之事大矣而主色不怡何也襄子曰吾聞之德不純而福祿竝至謂之幸夫幸

非福非德不當雝雝不爲幸吾是以懼注

新穉穆子晉大夫新穉狗也左人中人翟

二邑。

奔水氏

世本神農納奔水氏。

東陽無疑

南北朝爲散騎侍郎撰齊諧記七卷。

其思革子

石文子叔愆子其思革子之友也三人欲往見楚王至於欽巖之間衣寒糧乏二子俱死獨其思革子得見楚王楚王設鐘鼓以樂之陳旨酒嘉殽以享之革子愴然而悲援琴而鼓王曰琴何悲哉革子推琴離席泣數行下對曰臣友三人石文子叔愆

子竊慕大王高義欲與俱謁至嶔巖間飄風暴雨卒至不勝凍餒遂死楚王曰嗟乎有如是耶於是賜葦子黃金百觔命左右收二子葬之而以葦子為相

公冶志

通志公冶長追封高密侯國朝公冶志高密人洪武中以人材薦起任右僉都御史

賀拔勝

南北朝賀拔勝之弟岳俱鎮恒州魏武帝委以心腹之寄

庫狄士文

隋時人開皇初貝州刺史性淸苦不受公料僮僕無敢出門政令嚴肅道不拾遺又有庫狄履溫唐詩人

曼丘不澤

春秋。曼丘不澤、齊士。又漢曼丘臣、韓信梟將。

伊婁謙

隋時人、贇周武代齊、觀釁知、澤州、清約得人。攀戀數十里不絕。

禿髮傉檀

南涼錄。禿髮傉檀。素號機警。韋宗歎之曰。奇才英氣、不必華夏、明智敏識、不必讀書。乃今知九州之外、五經之表、復自有人也。

綦毋張

晉人見左傳。又唐有綦毋潛。字季通。開元時爲集賢待制。遷右拾遺、有詩名。

京相璠

晉人作春秋書地名三卷。

洞沐子孟陽

漢時人以治易名家。

夾谷檝

金大安初授贊皇簿禮以接士嚴以治奸。值旱蝗民大饑宭規畫賑救有法民賴安全縣境有塘產蓮歲久不開自檝至連歲得瑞花。人以爲異政所感。

紇干承基

唐刺客。

谷那律

唐昌樂人。貞觀中補黃門侍郎。褚遂良稱爲九經庫。累官弘文館學士。

乙弗弘禮

五代史高堂人隋煬帝召問弘禮曰爾相
朕當何如弘禮曰臣觀相書凡人之相類
陛下者鮮克有終臣聞聖人不相殆類是
乎

黑齒常之

唐史黑齒常之百濟西部人也唐左武衛
大將軍燕國公驍勇有謀略吐番畏威不

敢近邊

石抹明安

元桓州人性寬厚不拘小節歸蒙古立戰功料敵制勝算無遺策雖祈寒暑雨未嘗不與士卒均勞逸其得金府庫珠玉錦綺未嘗以纖毫爲已有又元末有石抹宜孫能詩與劉伯溫詶和

相里子

周賢人著書七篇又莊子有相里勤相里之爲氏也子產初生執拳而出啓手觀之文成相里後因氏焉相平聲又五代史有相里金爲上將軍折節能下士所至有功

西乞術

左傳僖公三十三年晉敗秦師于殽獲西

乞術。白乙丙以歸。

務成　務成郚

新序作務成跗。荀子作務成昭。路史舜學于務成郚。漢藝文志、有務成子十篇。

廩丘　廩丘充

齊隱者。見英賢傳。

肩牟　肩牟說

韓詩外傳楚昭王失國屠羊說走而從於昭王昭王反國將賞從者及屠羊說屠羊說曰大王失國說失屠羊大王反國說亦反屠羊臣之爵祿已復矣又何賞之有王曰强之屠羊說曰大王失國非臣之辠故不敢伏其誅大王反國非臣之功故不敢當其賞王曰見之屠羊說曰楚國之法必

有重賞大功而後得見今臣之知不足以存國而勇不足以死寇吳軍入郢說畏難而避寇非故隨大王也今大王欲廢法毀約而見說此非臣之所以聞於天下也王謂司馬子綦曰屠羊說居處卑賤而陳義甚高子其爲我延之以三旌之位屠羊說力辭之卒不肯受。

東户季子

家語。子思子曰。東户季子之時。道上鴈行而不拾遺。餘糧宿諸畮首。

於陵子仲

列士傳。於陵子仲。楚王欲以爲相而不許。爲人灌園。

羿必何力

唐史契必何力鐵勒莫賀可汗之孫貞觀六年率衆內屬擢左領軍將軍與薛萬均等討吐谷渾萬均率騎先進爲賊所包何力冒圍奮擊虜披靡去萬均恥名出其下乃排何力及還何力具言萬均敗狀帝怒將解其官授何力何力曰以臣解萬均官恐四夷聞者謂陛下重夷輕漢則誣告益

多又夷狄無知謂漢將皆然非示遠之義乃止始何力母與弟在涼州詔何力往眎母薛延陀毗伽可汗方強乃脅其母弟使從何力曰我義許國不可行衆執之至毗伽牙下何力箕踞拔佩刀東向呼曰有唐烈士受辱賊廷天地日月臨鑒吾志即割左耳誓不屈何力被執也或讒之帝曰若

人心如鐵石。殆不背我。會使至言狀。帝爲之泣下。

季尹然

楚人。又季尹明。齊人。

薛孤延

少驍勇有武力。從齊高祖起義。破爾朱兆於廣阿。因從平鄴。以功進爵永固公。轉大都督高祖嘗閱馬於北牧道逢暴雨大雷震地前有浮圖一所高祖令延視之延乃馳馬按矟直前未至三十步雷火燒面延喝散遶浮圖走火遂滅及還眉鬚與馬鬃尾俱焦高祖歎曰薛孤延乃能與霹靂鬬其勇决如此天保二年爲太子太傅八年加開府儀同三司

越人蒙

字子臧。鄒陽書。秦用由余而霸中國。齊用越人蒙而彊威宣。

公仲朋

國策。秦韓戰于濁澤。韓急。公仲朋謂韓王曰。與國不可恃。今秦之心欲伐楚王。不如因張儀為和於秦。賂之以一名都。與之伐楚此以一易二之計也韓王曰善乃假公仲之行又越有公仲連烈侯好音謂相國公仲連曰寡人有愛可以貴之乎公仲曰富之可貴之則否烈侯曰然夫鄭歌者槍石二人吾賜田人萬畝公仲曰諾不與居一月烈侯從代來問歌者田公仲曰求未有可者有頃烈侯復問公仲終不與乃稱

疾不朝。

子午眀

齊大夫。楚公子午之後。

奇姓通卷十一終

奇姓通卷十二 複姓

行人燭過　室中周

水丘昭券　公孟子高

北唐子真　東鄉助

公肩假　安丘望之

叓牟五　闕門慶忌

侍其沔　老成方

呼延贊　南公子

西郭嵩　西門豹

將匠或　甲父沮

王史元庠　龍丘萇

運期耀　傅餘頠

庶長無地　東郭子惠

佘丘靈　閭丘快

鮭陽鴻　彊梁皋

胡母班　胡非子

王官無地　漁陽鴻

綦連猛　辛麥通

宦於修之　陶丘洪

徒單航　將閭葂

由吾道榮　棠谿公

壤駟赤　將鉅子章

沮僪蹶融　夷鼓德宜

弓里戌　逢門子豹

公乘無正　匠麗舒

屋廬連　信都芳

賀婁子幹　甪里若叔

浩年嘉　顏成子游

林閭翁孺　方叔无咎

夙沙釐　終利恭

壽西長　公晳哀

游水發根　豆盧勣

堂邑甘父　梁垣列

即墨成　令狐揆

梁由靡　章仇兼瓊

青尹弗忌　　樂正子長

太士靈秀　　達奚武

洛下閎　　少室周

周生豐　　公族進階

壺丘子林　　巫馬子期

立如子　　子泉捷

趣馬恩　　毋將永

子伯先　索羅放

步叔乘　曹丘生

公賓就　若干惠

濮陽潛　斛斯徵

乞伏慧　青陽倩

穀梁淑　高堂隆

執失思力　屋引豐生

公沙穆　遬僕多

叔帶子莊　延陵卓子

瞿曇諛　公玉帶

九方堙　補祿虒

霍里子高　迦葉濟

浮屠泓　移剌履

彤門昭　東閭子

赤章蔓枝　子玉房

蚔丘惑　成王千里

甾丘訢　楚季融

軒轅集　奚容箴

牟角哀　倚相季文

廣成子　辟閭根

公山不狃　公子荆

熊率且比　歐侯氏

單父左車　公緒恭

穀梁赤　宗伯鳳

宰父黑　朱泙漫

梁其踁　巨毋霸

公祖句茲　婀荷甘

奇姓通卷十二 複姓

江陰夏樹芳茂卿輯
華亭陳繼儒仲醇校

行人燭過

呂覽。趙簡子攻衞附郭。自將兵及戰。且遠立。又居於犀蔽屏櫓之下。鼓之而士不起。簡子投桴而歎曰。嗚呼。士之遬弊一若此乎行人燭過免胄橫戈而進曰此在君不能用耳何弊之有簡子艴然作色曰子謂寡人無能有說則可無說則死對曰昔吾先君獻公即位五年兼國十九用此士也惠公即位二年淫色暴慢身好玉女秦人襲我遯去絳七十用此士也文公即位二年底之以勇故三年而士盡果敢城濮之

戰五敗荆人圍衛取曹拔石社定天子之位成尊名於天下用此士也今君不能取士何弊之有簡子乃去犀蔽屏櫓而立於矢石之所及一鼓而士畢陳之簡子曰與吾得革車千乘也不如聞行人燭過之一言行人燭過可謂能諫其君矣

室中周

著書十篇見漢書藝文志又室中公新莽時避地漢中

水丘昭券

五代時臨安人性沉厚能文章事吳越王佐爲內都監使又漢有水丘岑見董宣傳

公孟子高

家語公孟子高嘗問禮於顓孫子莫子莫

曰去而外厲與爾內折色勝而心自取之公孟不知以告曾子曾子曰大哉言乎夫外厲者必內折色勝而心自取之者必爲人役是故君子德行成而容不知閭識博而辭不爭智慮微達而能不愚

北唐子眞

漢人治京氏易有聲英賢傳曰晉有高人

越者隱伏於北唐因氏焉

東鄉助

唐人著周易物象釋疑一卷

公肩假

檀弓季康子之母死公輸若方小斂般請以機封將從之公肩假曰不可夫魯有初公室視豐碑三家視桓楹般爾以人之母

嘗巧則豈不得以其母以嘗巧者乎則病
者乎噫弗果從又公肩定孔子弟子

安丘望之

字仲都漢京兆人成帝欲用之辭不就隱
於醫巫見稽康高士傳

夷羊五

晉厲公嬖臣見左傳

闞門慶忌

鄒人武帝時魯申公以詩教授慶忌與周霸徐偃等同受業皆以詩顯慶忌爲膠東內史周霸爲膠西內史徐偃爲膠西中尉皆有廉節

侍其沔

宋時人字國紀爲學貫穿經史與人交殊

澹薄遇急難奮義以往不避艱險屢舉不遇退爲鄉教授又侍其瞱亦宋人著續千文。

老成方

宋大夫著書十篇言黃老之道

呼延贊

宋太原人累官康州團練使贊有膽勇徧

文其體爲赤心殺賊字諸子耳後別刺字曰出門忘家爲國臨陣忘死爲主 國朝有呼延彥直隸贊皇知縣渭南人

南公子

戰國時人著書三十篇言五行陰陽事

西郭嵩

漢謁者僕射又晉有西郭陽北海人李重

薦爲秘書郎

西門豹

戰國魏鄴令鄴俗素信巫覡歲爲河伯娶婦選良民處女投河中豹問知其害曰今歲娶婦幸來告吾亦送之至見其女豹曰醜頃大巫入報郎投之河中又繼投二人羣巫驚懼乞命從此遂止因開其河爲十

二渠以溉田豹爲鄴令時清尅潔慤秋毫之端無私利也而甚簡左右左右因相與比周而惡之居期年上計君收其璽豹自請曰臣昔者不知所以治鄴今臣得矣願請璽以治鄴文侯復與之璽豹因重斂百姓急事左右期年上計文侯迎而拜之豹對曰往年臣爲君治鄴而君奪臣璽今臣

爲左右治鄭而君拜臣臣不治矣遂納璽而去

將匠或

三國吳中散大夫見風俗通晉有將匠進御史大夫

甲父沮

漢侍御史

王史元庠

漢侍中見風俗通

龍丘萇

漢太末人隱居山中義不降辱王莽連辟不至更始初任延爲會稽都尉掾吏白請召萇延曰龍丘生躬德履義有伯夷原憲之節遣功曹奉謁更相望於道歲餘乃詣

府拜儀曹祭酒又龍丘子高楚人作琴操楚引一篇

運期耀

漢運期耀字侯光郎梁鴻也肅宗徵鴻鴻乃變姓名隱于齊魯之間

傅餘頠

晉時人著複姓錄英賢傳云傅說爲相子

孫留傳傳巖者號傳餘氏。
庶長無地
庶長武。庶長鮑。庶長無地。俱秦大夫。見左傳。
東郭子惠
說苑。東郭子惠問於子貢曰。夫子之門何其雜也。子貢曰。夫隱括之旁多枉木。良醫之門多疾人砥礪之下多頑鈍夫子修道以俟天下來者不止是以雜也詩云菀彼柳斯鳴蜩嘒嘒有漼者淵萑葦淠淠言大道之旁無所不容也」又齊有諫臣東郭牙

佘丘靈

漢佘丘靈隱士居曲阿

閭丘快

漢書閭丘快魏人著書三十篇又晉閭丘沖官太常遇劉曜難死之唐有閭丘均閭丘曉俱成都詩人。

鮭陽鴻

漢鮭陽鴻治孟氏易。

彊梁皋

秦左庶子長水校尉見秦紀。

胡母班

字孟皮。漢黨錮八廚中人。時語曰。海內珍奇胡母孟皮。又晉有胡母輔之。少擅高名。不拘小節。王衍嘗稱其吐佳言如鋸木屑。霏霏不絕。仕晉爲繁昌刺史。節酒自勵。有能名。

胡非子

戰國人著書。

王官無地

左傳。秦孟明視。師師伐晉以報殽之役。晉侯禦之。王官無地禦戎。狐鞫居爲右。

漁陽鴻

漢少府。北平人。見漢紀。

綦連猛

魏人字武見少有志氣便弓馬初從爾朱榮後事齊神武爾朱文暢將為逆猛曰昔事其父兄寧今日受戮不忍告而殺之神武聞之曰事人當如此

辛蓼通

漢河間相見史記

宦於修之

前趙錄劉淵太史令

陶丘洪

漢平原人字子休清遠辨博文冠當代舉孝廉行辟太尉府年三十卒

徒單航

仕金爲安州刺史會元兵大至與民效守城危先縊其妻孥尋自縊城中人猶力戰

曰太守旣死我輩不可獨降死者甚衆

將閭葂

著書見漢書藝文志

由吾道榮

南北朝由吾道榮有道術于陰陽曆數天文藥性無不通解隱瑯琊山辟穀得長生

永訣

棠谿公

棠谿姬姓吳王闔廬弟夫槩奔楚爲棠谿氏韓非子棠谿公謂昭侯曰今有千金之玉卮通而無當可以盛水乎昭侯曰不可有瓦器而不漏可以乘酒乎昭侯曰可對曰夫瓦器至賤也不漏可以盛酒雖有千金之玉卮至貴而無當漏不可盛水則人

孰注擬哉今爲人主而漏其羣臣之語是猶無當之玉巵也雖有聖智莫盡其術爲其漏也昭侯聞棠谿公之言自此之後欲發天下之大事未嘗不獨寢恐夢言而使人知其謀也」又漢有棠谿典爲五官中郎將與蔡邕同授經典

壤駟赤

秦人。孔門弟子。長於詩書壤。七陽韻。

將鉅子章

周時人著書五篇。見藝文志。

沮衛蹶融

韓非子。荊王伐吳。吳使沮衛蹶融犒於荊師而將軍曰。縛之。殺以釁鼓。問之曰。汝來卜乎。答曰。卜。卜吉乎。曰吉。荊人曰。今荊將

以汝釁鼓其何也答曰是故其所以吉也
吳使臣來也固視將軍將軍怒將深溝高
壘將軍不怒將懈怠今也將軍殺臣則吳
必謹守矣且國之卜非爲一臣卜夫殺一
臣而存一國其不言吉何也且死者無知
則以臣釁鼓無益也死者有知也臣將當
戰之時使鼓不鳴荆人因以不殺也

夷鼓德宜

秦大夫見國語英賢傳黄帝之子夷鼓之後

弓里戊

漢騎都尉建武二年將兵平定北州歷訪英俊薦溫序爲侍御史又有弓里游見容齋隨筆

逢門子豹

漢人著兵法見漢書

公乘無正

韓非子張譴相韓病將死公乘無正懷三十金而問其疾居一月自問張譴曰若子死將誰使代子答曰無正重法而畏上雖然不如公子食我之得民也張譴死因相

公乘無正」又魏文侯與大夫飲有公乘不仁爲觴政」唐有公乘億咸通中進士有宏詞一卷見藝文略

匠麗舒

漢功臣匠麗舒封祝其侯呂氏春秋匠麗氏晉大夫家也晉厲公無道欒書中行偃殺之於匠麗氏

屋廬連

晉賢人著書言彭聃之法與孟子論禮與食色輕重

信都芳

南北朝河間人少明算術兼有巧思嘗云算曆之妙機巧精微每一沉思不聞雷霆之聲嘗集五經算事爲五經宗及古今樂

事爲樂書又聚渾天欹器地動銅烏漏刻候風諸巧事并圖画爲器集

賀婁子幹

少以驍武知名隋文帝授榆關總管下詔曰自公守北門風塵不警允銓有才器位銀青光祿大夫

甪里若叔

三國志。後漢有冉里若叔。漢初有冉里先生。避秦居商雒山。

浩年嘉

齊大夫。見風俗通。

顏成子游

南華經。顏成子游謂東郭子綦曰。自吾聞子之言。一年而野。二年而從。三年而通。四

年而物五年而來六年而鬼入七年而天成八年而不知死不知生九年而大妙

林閭翁孺

蜀人博學能文見漢書藝文志為揚雄師

方叔无咎

漢功臣封新壽侯鼓方叔之後

夙沙釐

左傳中行伯既克鼓鼓子之臣曰夙沙釐以其孥行軍吏執之穆子召之曰鼓有君矣爾止事君吾定而祿爵對曰臣委質於狄之鼓未委質於晉之鼓也按神農氏紀諸侯夙沙氏叛殺其諫臣箕文則炎帝時已有夙沙氏矣

終利恭

漢安平令。

壽西長

昭帝元鳳元年十月。左將軍安陽侯桀等。數以邪枉干輔政。與燕王通謀。燕王遣壽西長等。賂遺長公主丁外人等。往來約結。交通私書。

公晳哀

字季次齊人天下多仕於大夫爲家臣季次鄙之未嘗屈節於人孔子稱之

游水發根

史記封禪書天子病鼎湖甚巫醫無所不致游水發根言上郡有巫病而鬼神下之上召置祠之甘泉病愈遂起幸甘泉大赦置酒壽宫神君

豆盧勣

五代史。豆盧勣。字定東。隋時爲渭州刺史。甚有惠政。華夷悅服。至有白烏玉漿之瑞。民爲之謠曰。吾有丹陽山、出玉漿、濟我萌氓。神烏來、翔。累功封楚國公。卒謚襄子。豆盧毓。漢王諒出鎭幷州。毓以妃兄爲長史。累功授儀同三司。及煬帝卽位。諒謀不軌。

苦諫不從語留守朱濤曰王構逆吾輩豈可孤負國家倡義出兵拒之遂爲諒所害詔贈大將軍封正縣侯謚愍

堂邑甘父

漢人與張騫使西域還封奉使君從百餘人堂邑氏惟二人得還

絜垣列

風俗傳。周畢公後有梁垣演。居大梁之墟。
漢有梁垣列。字惠伯。爲侍御史。

郇墨成

潁人。城陽相。漢書儒林傳。郇墨成與衡胡、周霸、主父偃。皆以易顯名。其言易者本之田何。

令狐揆

宋安陸人卜築涓溪之南嘗雪中跨馬入
詣張君房借書令小童攜書籠負琴帛繒
暖冒委長吟曰借書離近郭冒雪渡寒溪
布衣林逸善繪因作令狐林揆雪中渡寒
溪圖

梁由靡

左傳梁由靡晉惠公臣又梁由是先漢安

帝時將軍。

章仇兼瓊

唐史章仇兼瓊潁川人劍南節度創新津通濟堰溉眉蜀二郡田人懷其惠立廟於堰南號寅德公祠復開萬年池水以溉成都民田在蜀八年澤流當世隋又有章仇大翼。

青尹弗忌

楚大夫又有青尹午。

樂正子長

宋卽墨人嘗遇仙於鰲山。授巨勝赤散方。蛇服之化龍。人服之長生。年逾百八十歲。如童顏。登勞山而去。莫知所終。

太士靈秀

漢太士靈秀爲建安太守。永嘉松陽有太士氏。

達奚武

後魏達奚武。字成興。代人。少倜儻好馳射。賀拔岳征關右。引爲別將。後歸隋文帝。以功封須昌侯。文帝援兵洛陽。武爲前鋒。力戰。斬其司徒高敖曹。自劍門以北悉平。加武柱國武微時奢侈好華飾及居重位不持威儀門外不施戟常晝掩一扉或曰公冠羣后何輕率若是武曰吾在布衣豈望富貴今日富貴不可頓忘疇昔且天下未平國恩未報安可過事威容言者慚退卒謚曰桓

洛下閎

漢閬中人。隱居洛亭。武帝時徵待詔太史。改造太初曆。

少室周

韓非子。少室周者。古之貞廉潔慤者也。爲趙襄主力士。與中牟徐子角力。不若也。入言之襄主以自代也。襄主曰。子之處。人之所欲也。何爲言徐子以自代。曰。臣以力事君者也。令徐子力多臣臣不以自代恐他人言之而爲罪也。又見國語。

周生豐

漢人見。容齋隨筆。南北朝。有周生烈爲侍中。

公族進階

漢北海人。危言、深論、人服其高。

壺丘子林

鄭人湛深道德列禦寇師事之又呂氏春秋子產相鄭往見壺丘子林謀志論行而以心與人相索

巫馬子期

韓詩外傳巫馬施字子期陳人期與子路薪於轀丘之下陳之富人有處師氏者脂

車百乘觴於韞丘之上子路與期曰使子無忘子之所知亦無進子之所能得此富終身無復見夫子子爲之乎期喟然曰吾聞諸夫子矣志士不忘在溝壑勇士不忘喪其元子亦志士也背忘師之教乎子路懸負薪先歸孔子曰由何爲偕出而先還也子路以告孔子曰子道不行耶使汝以

是願也期宰單父以星出以星入以身親之而單父治期問於子賤曰子鳴琴而單父治一不見其勞何也子賤曰我任人子任力任人者佚任力者勞期曰是則施之未至也

立如子

風俗通立如子著書魯賢人

子泉捷

齊大夫見新庠齊頃公之子公子欣字子泉之後

趣馬恩

漢南陽功曹英賢傳曰周趣馬蹶之後

母將永

漢蘭陵人受沛人高氏易又蘭陵有母將

隆字君房成帝朝爲諫議大夫上封事遷冀州牧累官至京兆尹時董賢方貴幸上使中黄門發武庫兵十輩給其私門隆切諫請收還武庫上不悦王莽秉政隆不附免官徙合浦見儒林傳

子伯先

子夏門人居西河

索羅放

漢索羅放字君陽以尚書教授千餘人建武中徵爲洛陽令政有能名遷諫議大夫數進忠言復以疾徵不起使人輿之見于南宮雲臺賜穀二千石漢又有索羅悏見容齋隨筆

步叔乘

齊人仲尼弟子

曹丘生

漢書季布之官爲河東太守辯士曹丘生數專權顧金錢事貴人趙談等與竇長君善布聞寄書諫長君曰吾聞曹丘生非長者勿與通及曹丘生歸欲得書請布竇長君曰季將軍不悅足下足下無往固請書

遂行使人先發書布果大怒待曹丘曹丘至則揖布曰楚人諺曰得黃金百不如得季布諾足下何以得此聲梁楚之間哉且僕與足下俱楚人使僕游揚足下名於天下顧不美乎何足下拒僕之深也布乃大悅引入留數月爲上客厚送之布名所以益聞者曹丘揚之也

公賔就

北海人爲漢校尉斬王莽首傳於宛。

若干惠

南北朝若干惠字惠保剛質有勇力仕周位儀同三司惠子若干鳳字達摩有識度尚周文女亦位儀同三司

濮陽潛

漢隴西令牛述延名士濮陽潛又三國有

濮陽興

斛斯徵

南北朝斛斯椿子字士亮博涉羣書尤精三禮周武帝以其經有師傅詔授諸王子稱爲夫子儒者榮之

乞伏慧

五代史乞伏慧字令和慷慨有大節在隋遷梁州總管又領潭桂三十一州諸軍事其俗輕剽慧躬行樸素以矯之風化大洽曾見人以簺捕魚者出絹買而放之號其簺曰西河公簺

青陽幘

漢東海太守又宋有青陽爕紹興進士青

陽泰。政和進士。元有青陽夢炎。最知名。見一統志。

穀梁淑

穀梁赤。傳春秋。一名淑。字元始。

高堂隆

三國時人。字昇平。魯高堂生後。泰山太守薛悌命爲督郵。郡督軍與悌爭論。名悌而呵之隆劍叱曰昔曾定見侮仲尼歷階趙彈秦箏相如進缶臨臣名君義之所討也督軍失色悌驚起止之後仕魏青龍中大治殿宇及崇華殿災孛星淫雨之變隆皆據引經典上疏切諫官至光祿勳卒帝歎曰天不欲成吾業耶高堂隆何舍我亡也

執失思力

唐定襄州都督尚高祖九江公主。封駙馬都尉。生紹德、紹宗、歸仁、歸眞。皆智勇驍亮之士。

屋引豐生

唐洪仁府統軍。封渭源縣公。

公沙穆

漢公沙穆。字公義。北海膠州人。桓帝時遷

弘農令有螟蟲食稼乃設壇謝曰百姓有過皐歸作令請以身禱須臾暴雨盈尺螟蟲自消一邑號稱神明嘗游太學無資糧乃變服客傭爲吳祐賃舂祐與語大驚遂定交于杵臼之間

遬僕多

漢校尉見霍去病傳遬僕匈奴部落名也

去病以有功封爲煇渠侯

叔帶子莊

姓譜趙夙晉獻公臣字叔帶以字爲氏

延陵卓子

韓非子延陵卓子乘蒼龍排文之乘鉤飾在前錯錣在後馬欲進則鉤飾禁之欲退則錯錣貫之馬因旁出造父過而爲之泣

洯曰古之人亦多矣夫賞所以勸之而毀存焉罰所以禁之而譽加焉民中立而不知所由此亦聖人之所爲泣也又有延陵王趙襄子謀臣

瞿曇誤

唐書瞿曇譔爲司天監子晏爲冬官正自西域天竺國來

公玉帶

漢濟南人武帝封泰山欲作朙堂未曉其制帶進黃帝朙堂圖上從之乃作朙堂圖如其制又呂氏春秋有公玉丹齊湣王佞臣

九方堙

淮南子秦穆公請伯樂曰子之年長矣子

姓有可使求馬者乎對曰良馬者可以形
容觔骨相也相天下之馬者若滅若失若
亡臣之子皆下材也可告以良馬而不可
告以天下之馬臣有所與供儋纆采薪者
九方堙此其於馬非臣之下也請見之穆
公見使之求馬三月而反報曰已得馬矣
在於沙丘穆公曰何馬也對曰牡而黃使

人往取之牝而驪穆公不悦召伯樂而問
之曰敗矣子之所使求者毛物牝牡弗能
知又何馬之能知伯樂喟然太息曰一至
此乎是乃其所以千萬臣而無數者也若
堙之所觀者天機也得其精而忘其麤在
內而忘其外見其所見不見其所不見
視其所視而遺其所不視若彼之所相者

乃有貴乎馬者。馬至而果千里之馬。

補祿虒

晉惠帝時殿中中郎。見英賢傳。

吐萬緒

鮮卑人。隋高祖初年。擢爲青州總管。尋轉東平太守。帝幸江都。路經其境。緒迎謁。因陳謝往事。帝大悅。拜金紫光祿大夫。

霍里子高

朝鮮人晨起刺船見一白首狂夫被髮攜壺亂流而渡其妻止之不及遂溺死妻乃攜箜篌鼓之歌曰公無渡河公終渡河公墮而死當奈公何音甚淒切曲終亦投河死子高還以其聲語妻麗玉麗玉傷之寫其聲爲箜篌引

迦葉濟

唐貞觀涇原大將試太常卿。

浮屠泓

唐人爲張説市宅戒勿穿東北隅。他日過之云。宅氣索。共視則穿三坎。泓曰。公富貴一時而已。後諸子果汚賊被誅。

移剌履

遼金時人方七歲卧廡下見微雲往來天際忽謂乳母曰此所謂卧看青天行白雲者耶父德元聞之驚曰是子當以文名世及長博學該綜果以文藻登壇兼精曆算書繪

彤門昭

漢功臣封苣侯又彤門申尚景帝女南宮

公主宋有邴班以其守邴門故以爲氏

東閭子

周時人嘗富貴後乞食於道曰吾爲相六年未嘗薦一士見說苑

赤章蔓枝

呂氏春秋中山之國有夙繇者智伯欲攻之而無道也爲鑄大鐘方車二軌以遺之

夙繇之君將斬岸堙谿以迎鐘赤章蔓枝諫曰詩云惟則定國我胡則以得是於智伯夫智伯之爲人也貪而無信必欲攻我而無道也故爲大鐘方車二軌以遺君君因斬岸堙谿以迎鐘師必隨之弗聽赤章蔓枝曰爲人臣不忠貞辠也忠貞不用遠身可也斷轂而行至衞七日而夙繇亡又

莊子。門無鬼與赤章滿稽觀於武王之師。赤章滿稽曰。不及有虞氏乎。故離此患也。至德之世。不尚賢。不使能。上如標枝。民如野鹿。行而無迹。事而無傳。

子王房

秦穆公時大夫見國策。

蚍丘惑

漢河南太守見英賢傳」又有虵丘仲爲濟北太守。

成王千里

唐中宗時將」又漢中郎有成王弼。

甾丘訢

獨異志周世東海之上有俠士甾丘訢以勇力聞於天下。過神泉令飮馬。其僕曰飮馬於此者馬必死丘訢曰以丘訢之言飲之其馬果死丘訢乃去衣拔劍而入三日三夜斬二蛟一龍而出要離聞而往見之曰咄哉甾丘訢眞天下勇士也

楚季融

周時陳大夫世本楚若敖生楚季因氏焉

軒轅集

唐博羅人。隱居羅浮山。年百餘歲。宣宗召問長生之術。集對曰。徹聲色。薄滋味。哀樂不過。德刑無偏。堯舜禹湯之所以登上壽者用此道也。

奚容箴

魯人。孔子弟子。文采煥發。志氣昂舉。後世追稱爲濟陽侯。

羊角哀

燕人與左伯桃爲友聞楚王善待士乃同入楚值雨雪糧少伯桃乃併糧與哀令往事楚自餓死於空樹中哀至楚爲上大夫乃言於楚王備禮以葬伯桃

倚相季文

楚左史倚相之後

廣成子

神仙傳廣成子居空同之山黃帝往見之
廣成子曰至道之極昏昏默默無視無聽
抱神以靜形將自正必靜必淸無勞汝形
無搖汝精乃可以長生愼汝內閉汝外多
知爲敗我爲汝遂於大明之上矣至彼至
陽之原也爲汝入於窈冥之門矣至彼至

陰之原也

辟閭根

漢人見姓苑

公山不狃

公山弗擾一名不狃字子洩季氏家臣定公五年六月季平子卒於房陽虎將以璠璵歛仲梁懷弗與曰改步改玉陽虎欲逐

之告公山弗擾弗擾曰彼爲君也子何怨焉既葬季桓子行東野及費弗擾爲費宰逆勞于郊桓子敬之勞仲梁懷梁懷弗敬弗擾怒謂陽虎子行之乎既而季寤公鉏極叔孫輒叔仲忌皆不得志於魯弗擾與之謀將因陽虎以去三桓

公子荆

衛大夫孔子稱爲善居室季札稱爲君子

熊率且比

左傳楚武王侵隨使薳章求成焉熊率且比曰季梁在何益鬬伯比曰以爲後圖少師得其君王毀君而納少師少師歸請追楚師隨侯將許之季梁止之曰天方授楚楚之羸其誘我也君何急焉臣聞小之能

敵大也小道大淫君姑修政而親兄弟之國庶免於難隨侯懼而修政楚不敢伐

歐侯氏

漢人見容齋隨筆

單父左車

功臣表以卒從起沛入漢以郎中擊布功封中牟侯始高祖微時有急左車給高祖

一馬故得侯

公緒恭

張儉鄉人朱並上書告儉與同郡二十四人別相署號刻石立墠共爲部黨而儉爲之魁靈帝詔刊章捕之公緒恭與田林張隱劉表薛郁王訪劉祇宣靖爲八顧見漢末名士傳

穀梁赤

一名俶字元始魯人傳春秋唐太宗詔從祀配享廟廷宋眞宗諡闕里命翰林學士李宗諤爲之贊

宗伯鳳

王莽始建國三年爲太子置師友各四人秩以大夫以故大司徒馬宮爲師疑故少

府宗伯鳳爲傅丞。博士袁聖爲阿輔。京兆尹王嘉爲保拂。

宰父黑

字子索。魯人。史記作罕父黑。及考氏族畧無罕父。止有宰父氏。注云孔子弟子宰父黑、。今從之。

朱泙漫

南華經朱评漫學屠龍於支離益單千金之家。三年技成而無所用其巧。小夫之智不離苞苴竿牘。彼至人者。歸精神乎無始而甘瞑乎無何有之鄉。水流乎無形。發泄乎太清。悲哉乎。汝爲知在毫末。而不知大寧。

梁其踁

曾大夫叔孫氏家臣

巨毋霸

王莽傳巨毋霸生蓬萊東南海濱身長一丈腰十圍軺車不能載三馬不能勝臥則枕鼓食以鐵箸王莽以爲壘尉

公祖句兹

字子之孔子弟子宋祠部員外郎梅詢贊

曰子之生魯巍巍章甫非聖勿言惟道是與千古而下俾侯齊土

婀荷甘

莊子婀荷甘與神農同學於老龍吉神農隱几闔戶晝瞑婀荷甘日中奓戶而入曰老龍死矣神農擁杖而起嚗然放杖而笑曰天知予僻陋慢訑故棄予而死已矣夫

子無所發予之狂言而死矣夫弇剛弔聞之曰夫體道者天下之君子所繫焉今於道秋毫之端萬分未得處一焉而猶知藏其狂言而死又況夫體道者乎

奇姓通卷十二終

奇姓通卷十三 複姓

公罔之裘　謝丘章

大狐容　顓孫師

公輸般　北郭騷

考成子　新垣衍

公西華　莫者幼春

卜梁倚　石作蜀

公冉務人　沈猶行

季騧息　子車鍼虎

公夏首　封具狐父

古冶子　公羊高

澹臺滅明　中叔無忌

苑羊牧之　宗正辨

商丘子胥　慶父耤

公叔文子　駮馬少伯

西鉏吾　友通期

庾冏頡　大心子成

尹文子　完顏仲德

冠軍夷　梁丘賀

申章昌　烏氏嬴

子師將　耶律希亮

將匠道李　第五居仁
成公簡　公齊定
僕散翰文　瓜田儀
屈突蓋　臧馬矢
勾龍庭實　青史子
南榮趎　苞丘先生
息夫躬　函冶子覺

合傅胡害　茅夷鴻

愼潰氏　葵丘欣

公若藐　慕輿拔虎

工師喜　子州支父

昭涉掉尾　大羅洪

樗里子　褐冠子

司鐸射　胥梁帶

子儀克　　子獻遠

龐欄氏　　運奄氏

靡父樂陽　　穿封戌

士思癸　　復陸支

老萊子　　荳矦儒

沈尹戌　　栢常騫

梗陽巫臯　　鐸遏冦

富父終甥　介山子然

南郭偃　北人無擇

長盧氏　成陽恢生

叔先泥和　仇尼倪

錫嚋子斯　羊舌赤

延朙子高　紅陽長仲

苦成叔　小王桃甲

季尹然　少師彊

都尉朝　徒人費

祝其承先　樂王茂

南門壖　先賢撣

長魚矯　素和跋

西河子輿　大野拔

司士賁　阿跌光進

重[illegible]氏　　門尹班

鉗耳知命　　浩星賜

大戊午　　閭葵班

伊祈玄解　　母鹽益

華陽通　　盆成括

鮮陽戩　　赫連達

賀若弼　　壽西長

申屠嘉　擾龍宗

尹午子叔　雍門狄

左師眀　覩斯贊

子叔聲伯

奇姓通卷十三 複姓

江陰夏樹芳茂卿輯
華亭陳繼儒仲醇校

公罔之裘

家語。孔子與門人習射於矍相之圃。蓋觀者如堵牆焉。射至於司馬。使子路執弓矢出列延射者曰。奔軍之將。亾國之大夫。與爲人後者不得入其餘皆入蓋去者半又使公罔之裘揚觶而語曰幼壯孝弟耆老好禮不從流俗修身以俟死者在此位蓋去者半又使序點揚觶而語曰好學不倦好禮不變旄期稱道而不亂者在此位蓋僅有存焉射旣闋子路進曰由與二三子者之爲司馬何如孔子曰能用命矣

謝丘章

魯人。漢書古今人表有謝丘章。謝丘、見盟會圖、皆幽王封。

大狐容

晉大夫。姬姓。晉大狐伯生突。突生饒。遂號爲大狐氏。

顓孫師

家語顓孫師字子張陳人子貢曰美功不伐貴位不喜不侮不佚不傲無告是顓孫師之行也呂氏春秋謂子張鄙家也學於孔子爲天下名士顯人以終其壽師道固不足重也與哉又有顓孫子英見說苑

公輸般

又名班魯之巧人也爲母作木人爲御機

闕一發其車遂行又爲木鳶令之自飛又
作雲梯以攻宋

北郭騷

呂覽齊有北郭騷者結罘罔捆蒲葦織屨
屨以養母猶不足踵門見晏子曰願乞所
以養母晏子之僕謂晏子曰此齊國之賢
者也其義不臣乎天子不友乎諸侯今乞

所以養母是悅夫子之義也晏子使人分
倉粟出府金而遺之辭金而受粟有間晏
子見疑於齊君出奔過北郭騷之門而辭
北郭騷沐浴而出見晏子曰夫子將焉適
晏子曰見疑於齊君將出奔北郭子曰夫
子勉之矣晏子登車太息而歎曰嬰之亡
豈不宜哉亦不知士甚矣晏子行北郭子

召其友而告之曰吾聞之養及其親者身伉其難今晏子見疑吾將以身死白之着衣冠令其友操劍奉笥而從造於君庭曰晏子天下之賢者也去則齊國必侵矣必見國之侵也不若身死請以頭托白晏子也因謂其友曰盛吾頭於笥中奉以托退而自刎也其友因奉以托謂觀者曰北郭

騷爲國故死吾將爲北郭騷死也又退而自刎齊君聞之大駭乘驛而自追晏子及之國郊請而反之晏子不得已而反聞北郭騷之以死自巳也

考成子

周人幼學於尹先生見列子

新垣衍

史記新垣衍魏客將軍與魯仲連言帝秦知仲連爲天下士又漢文帝時有新垣平

公西華

家語公西赤字子華魯人子貢曰齊莊而能肅志通而好禮擯相兩君之事篤雅有節是公西赤之行也至觀其養親則若與朋友處然恩勝禮也又公西蒧公西輿亦

孔子弟子。

莫著幼春

周時爲西安太守。

卜梁倚

莊子。卜梁倚有聖人之才而無聖人之道。女偊有聖人之道而無聖人之才。其爲物無不將也。無不迎也。無不毀也。無不成也。

其名爲攖寧

石作蜀

仲尼弟子氏族畧有石作氏

公冉務人

左傳仲殺惡及視而立宣公書曰子卒諱之也仲以君命召惠伯其宰公冉務人止之曰入必死叔仲曰死君命可也公冉務

人曰若君命可死非君命何聽弗聽乃入殺而埋之馬矢之中公冉務人奉其帑以奔蔡既而復叔仲氏不絕其後也

沈猶行

姓苑云沈猶行太山人見孟子」漢劉穢爲沈猶侯地在千乘

季騧息

晉朝邑大夫周八士季騧之後

子車鍼虎

國風子車奄息子車仲行子車鍼虎三人皆子車氏之子秦之良也穆公卒以三良殉葬國人賦黃鳥以哀之左氏曰秦穆公之不爲盟主也宜哉死而棄民先王違世猶貽之法而況奪之善人乎今縱無法以

遺後嗣而又收其良以死難以在上矣君子是以知秦之不復東征也

公夏首

字子乘魯人唐贈元父伯宋封鉅平侯

封具

狐父

鄭大夫見姓譜

古冶子

劍俠傳齊景公渡河黿銜左驂沒之大衆皆惕古冶子於是拔劍從之邪行五里逆行三里至於砥柱之下乃黿也左手持黿頭右手挾左驂燕躍鵠湧而出仰天大呼水爲逆流三百步

公羊高

子夏弟子著春秋又公羊賈鑿巾以飲

澹臺滅明

魯人。澹臺子羽齎千金文璧渡河。陽侯波起。兩蛟夾舟。子羽曰。吾可以義求。不可以威刼。操劍斬蛟。須叟波息。乃投璧於河。璧輒躍出。因毀其璧而返。

中叔無忌

晉人。又漢有中叔僚。光武時御史。

苑羊牧之

左傳齊北郭啓師師伐莒莒子將戰苑羊牧之諫曰齊帥賤其求不多不如下之大國不可怒也弗聽敗齊師于壽餘齊侯伐莒

宗正辨

濟陰人唐殿中少監

商丘子晉

列仙傳。商丘子晉好吹竽牧豕。孫輿公贊曰。商丘卓犖。執策吹竽。渴飲寒泉。饑食菖蒲。所牧何物。殆非真豬。儻遇風雲。爲我龍攄。

慶父藉

楚王工正。世本。楚大夫慶父之後。

公叔文子

左傳公叔文子名發衛大夫季札過衛見文子悅之曰何衛國之多君子也文子爲大令尹三年民無敢入朝公叔子見曰嚴矣文子曰朝廷之嚴也寧云妨國家之治哉公叔子曰嚴則下喑下喑則上聾聾喑不能相通何國之治也衛靈公三十年魯

定公侵鄭往不假道於衛及還出自東門舍於豚澤靈公怒使彌子瑕追之公叔文子老矣輦而如公曰尤人而效之非禮也昭公之難君將以文之舒鼎成之昭兆定之鞶鑑苟可以納之將以之爲質此羣臣之所聞也今將以小忿蒙舊德無乃不可乎乃止」又有公叔務人載家語

駮馬少伯

漢人。見容齋隨筆。駮音皎。

西鉏吾

左傳。夏六月。鄭伯侵宋。及曹門外。遂會楚子伐宋。取朝郟。楚子辛鄭皇辰侵城郜。取幽丘。納宋魚石。向爲人。鱗朱。向帶。魚府焉。宋人患之。西鉏吾曰。何也。若楚人與吾同惡以德於我吾固事之不敢貳矣今將崇諸侯之姦而披其地以塞夷庚逞姦而攜服毒諸侯而懼吳晉吾庸多矣非吾憂也且事晉何爲」又漢有西鉏虛爲御史見英賢傳

友通期

漢人見容齋隨筆

矦岡頡

地紀倉帝史皇氏名頡姓矦岡龍顏侈哆四目靈光春秋元命苞敘帝王之相倉頡四目是謂並明顓頊帝戴干是謂崇仁帝俈戴干是謂淸明堯眉八采是謂通明舜目重瞳是謂無景禹耳三漏是謂大通湯臂三肘是謂柳翌文王四乳是謂含良武王

齗齒是謂剛强

大心子成

楚懷王時爲黃邑大夫英賢傳楚有大心令尹得臣之子因氏焉

尹文子

齊人著書五篇

完顔仲德

金史完顏仲德狀貌不踰常人平生喜怒未嘗妄發聞人過每護諱之雖有軍旅手不釋卷門生故吏時以名分教之家素貧敝衣蔬食晏如也其掌軍務賞罰明信號令嚴整至危急死生之際無一士有異志者又 國朝弘治中完顏仁嵩嵐州判正德中有完顏章英山知縣俱有能聲

冠軍夷

晉太傅東海王參軍姓譜漢霍去病討冠軍侯因氏焉

梁丘賀

漢史梁丘賀從京房受易宣帝求房門人得賀入說易善之以爲郎賀小心周密甚見信重官至少府圖形麒麟閣子臨亦以

說易爲黃門郎嘗奉使問諸儒於石渠

申章昌

姓申章名昌受穀梁春秋於丁姓子孫者

烏氏嬴

漢書烏氏嬴畜牧及衆斥賣求奇繒物間獻戎王戎王十倍其償予畜畜至用谷量牛馬秦始皇令嬴比封君以時與列臣朝

請註師古曰氏音支烏氏姓也嬴名也其人爲畜牧之業史記作烏氏倮

子師將

漢北平太守鄭大夫子師僕之後

耶律希亮

金史耶律希亮楚材之孫武宗時官翰林承旨兼修國史希亮以職在史官乃類次

嘉言善行以進爲人性至孝雖疾病不廢書史或中夜起坐取燭以書所著有愫軒集三十卷

將匠道李

南北朝有將匠道李梁大將軍

第五居仁

宋第五居仁奉化人師蕭𣂏同恕博通經

史學徒滿門及卒門人私謚曰靜安先生。

成公簡

漢人字宗舒家世二千石雅素不求榮利張茂先每言簡靜比揚子雲默識擬張安世又晉有成公綏字子安少有雋才雅好音律臨風長嘯泠然成曲遂作嘯賦。

公齊定

仲尼弟子。見通志。

僕散翰文

元人。至元末爲松江知府。奏析華亭東北爲上海縣。在任愛民如子。秩滿歸。民各咨嗟流涕如失父母然。又金時有僕散忠義以廉吏稱。

瓜田儀

王莽時。臨淮瓜田儀有隱操。

屈突蓋

唐初爲長安令。時人語曰。寧食三斗艾。莫逢屈突蓋。又高祖時有屈突通。授兵部尚書。後配享太宗廟庭。

臧馬矢

漢人。見姓譜。

勾龍庭實

宋夾江人政和初進士知眉州作通濟堰以溉民田眉州人德之刻石立碑以紀其事又有勾龍傳撰春秋三傳分國記事以標本末

青史子

漢人善著書見藝文志英賢傳晉太史董

狐之子受封青史之田因氏焉

南榮趎

莊子南榮趎旣遇老聃噩若慈父鴈行避景蘷立蛇進而後敢問見得一高言若饑十日而得太牢焉又古今人表有南榮疇

苞丘先生

荀卿弟子

息夫躬

字子微。河陽人。漢書息夫躬以博士弟子。因董賢告東平王反謀。封宜陵侯。令錄其絕命辭曰。玄靈泱鬱將安歸兮。鷹隼橫厲鸞徘徊兮。矰若浮猋動則機兮。叢棘棧棧曷可棲兮。發忠忘身自繞罔兮。寃頸折翼庸得往兮。涕泣流兮萑蘭。心結愲兮傷肝。

虹蜺曜兮自微蘖杳冥兮未開痛入天兮嗚譆寃際絕兮誰語仰天光兮自列招上帝兮我察秋風爲我唫浮雲爲我陰嗟若是兮欲何留撫神龍兮攬其須游曠迴兮反亡期雄失據兮世我思

亟治子覺

漢黃門侍郎。

合傳胡害

漢功臣表。封費齊侯。破秦入漢定三秦以都尉擊項籍。侯六百戶。功比臺侯。

茅夷鴻

左傳。秋伐邾。及范門。大夫諫。不聽。茅夷鴻以束帛乘韋自請救于吳。曰。魯弱晉而遠吳。馮恃其衆而背君之盟。辟君之執事以陵我小國邾非敢自愛也懼君威之不立君威之不立小國之憂也若夏盟於鄫衍秋而背之成求而不違四方諸侯其何以事君且魯八百乘君之貳也邾賦六百乘君之私也以私奉貳惟君圖之吳子從之

慎潰氏

魯有慎潰氏以奢侈逾法而敗見家語

葵丘欣

路史外黄東有葵丘大夫邑食者氏焉英賢傳有葵丘欣又有葵丘直爲晉龍驤將軍

公若藐

左傳叔孫成子欲立武叔公若藐固諫曰不可成子立之而卒公南使賊射之不能

殺公南爲馬正使公若爲郈宰武叔既定使郈馬正侯犯殺公若弗能其圉人曰吾以劍過朝公若必曰誰之劍也吾稱子以告必觀之吾僞固而授之末則可殺也使如之公若曰爾欲吳王我乎遂殺公若

慕輿拔虎

南北朝慕輿千爲御史中丞慕輿拔虎爲

司徒

工師喜

漢書。工師喜封平悼侯。初以舍人從。擊破秦。以郎中入漢。以將軍定諸侯。守洛陽。侯比費侯。戶千三百戶。

子州支父

呂氏春秋。堯以天下讓於子州支父。子州

支父對曰以我爲天子猶可也雖然我適有幽憂之病方將治之未暇在天下也天下重物也而不以害其生又況於他物乎惟不以天下害其生者也可以託天下

昭涉掉尾

漢書封平州共侯漢四年以燕相從擊項籍還擊臧荼侯九百戶

大羅洪

秦將軍

樗里子

本傳樗里子者秦惠王之弟也與惠王異母樗里子滑稽多智秦人號曰智囊秦惠王二十五年使樗里子爲將伐趙虜趙將軍莊豹拔藺明年助魏章攻楚敗楚將屈

丐取漢中地爲右相樗里子卒于渭南章臺之東曰後百歲當有天子之宮夾我墓樗里子疾室在於渭南陰鄉樗里故俗謂之樗里子至漢興長樂宮在其東未央宮在其西武庫正直其墓秦人諺曰力則任鄙智則樗里」又樗里牧恭爲父報讎殺人而亾藏于深山有良馬引之作天馬引一篇

褐冠子

風俗通。賓人以褐冠爲姓。有褐冠子善。著書。。

司鐸射

魯大夫見左傳。

胥梁帶

晉大夫。左傳。襄公二十七年春。胥梁帶使

諸喪邑者具車徒以受地必周使烏餘具車徒以受封烏餘以其衆出使諸侯僞效烏餘之封者而遂執之皆取其邑而歸諸侯諸侯是以睦於晉

子儀克

宋桓司馬之臣

子獻遠

楚文王大夫嬀姓陳桓公子獻之後。

龎欄氏

韓非子。繆公問曰。吾聞龎欄氏之子不孝。其行奚如。子思曰。臣聞明君舉善以勸民則四方之內孰敢不化。若夫過行是細人之所識。臣不知也。子思出。子服厲伯入見。問龎欄氏子。服厲伯曰。其過有三。皆君所

未嘗聞自是之後君貴子思而賤子服厲伯也復見論衡

運奄氏

史記秦有運奄氏

　靡父樂陽

漢人見姓苑

　穿封戌

楚大夫左傳楚子侵鄭至于城麇鄭皇頡
戌之出與楚師戰敗穿封戌囚皇頡公子
圍與之爭之正于伯州犂伯州犂曰請問於囚乃
立囚伯州犂曰所爭君子也其何不知上
其手曰夫子爲王子圍寡君之貴介弟也
下其手曰此子爲穿封戌方城外之縣尹
也誰獲子囚曰頡遇王子弱焉戌怒抽戈

逐王子圍弗及楚人以皇頡歸戌音恤

士思癸

晉人叉士思上鄭人

復陸支

以匈奴歸義封屬國王注云復陸姓支名

老萊子

說苑老萊子問穆公將相子思曰若子事

君將何爲乎子思曰順吾性情以道輔之無姦亾焉老萊子曰不可順子之性也子性剛而傲不肖又且無所姦亾非人臣之節也子不見夫齒乎齒剛則盡相磨舌柔順終以不敝子思曰吾不能爲舌故不能事君高士傳老萊子楚賢人隱蒙山著書十五篇言道家之用

笪矦儒

漢人。見姓苑。

沇尹戌

周大夫。又沇尹赤，亦周大夫。

栢常騫

說苑。齊景爲露寢之臺，成而不通。栢常騫曰：爲臺甚急，臺成，君何爲不通焉。公曰：昔者梟鳴吾惡之甚是以不通栢常騫曰臣請禳而去之公曰何具對曰築新室爲置白茅焉栢常騫用事梟當陛布翼伏地而死公曰子之道若此其靈也亦能益寡人壽乎對曰能天子九諸侯七大夫五公曰益有徵兆之見乎對曰得壽地且動公喜晏子曰騫昔吾見維星絕樞星散地其動

其以是乎栢常騫俯有間仰而對曰然晏子曰爲之無益薄賦斂無煩民且令君知之

梗陽巫皋

周時爲晉人又漢有梗陽眞侍御史謁者

鐸遏寇

左傳鐸遏寇晉大夫又鐸遏章襄公下大

夫。

富父終甥

史記魯敗翟于鹹獲長翟喬如富父終甥舂其喉以戈殺之埋其首于子駒之門以命宣伯又左傳夏五月辛卯司鐸火火踰公宮桓僖災富父槐至曰無備而官辦者猶拾瀋也於是乎去表之槀道還公宮

介山子然

大戴記覲於四方不忘其親苟思其親不盡其樂蓋介山子然之行也

南郭偃

見左傳又莊子有南郭子綦

北人無擇

呂覽舜讓其友北人無擇北人無擇曰棬

棬乎后之為人也。居於畎畝之中而游入於堯之門。又欲以其辱行漫我。我羞之。願自投於蒼領之淵。又漢桓帝時有北人交為四門博士。

長盧氏

列子。楚賢者長盧氏著書。

成陽恢生

漢安陽護軍。見姓譜。

叔先泥和

犍爲人。漢順帝永建初。泥和爲縣功曹。奉檄謁巴郡太守。渡河而溺。不得其尸。女叔先雄。於父溺處慟哭。遂自投水死。越六日。與父尸同出。相持浮於江上。郡縣表之。爲雄立碑。圖其像焉。

仇尼倪

周時爲滎州刺史稱洛陽公

錫疇子斯

韓詩外傳子夏曰文王學乎錫疇子斯

羊舌赤

家語曰其爲人之淵源也多聞而難誕内植足以没其世國家有道其言足以治無

道其默足以容蓋銅鞮伯華之行也銅鞮邑名伯華羊舌赤也羊舌傳云昔有攘羊遺叔向母母埋之後事發檢羊肉惟舌存焉因以羊舌爲氏

延陋子高

真仙通鑑延陋子高以服麋得仙

紅陽長仲

漢書酷吏傳永始元延閒上怠於政貴戚驕恣紅陽長仲兄弟交通輕俠藏匿亡命

苦成叔

苦成叔晉卿郤犨號苦成叔苦爲别封之邑以邑爲氏國語子叔聲伯如晉郤犨欲與之邑弗受也歸鮑國謂之曰子何辭苦成叔之邑欲信讓耶抑知其不可乎對曰

吾聞之不厚其棟不能任重重莫如國棟莫如德夫苦成叔家欲任兩國而無大德亾無日矣譬之如疾余恐易焉苦成氏有三亾少德而多寵位下而欲上政無大功而欲大祿皆怨府也其身之不能定焉能與人邑

小王桃甲

左傳。析成鮒。小王桃甲率狄師以襲晉戰于絳中。不克而還。成鮒奔周。小王奔晉。註。二子。魯大夫范。中。行氏之黨。

季尹然

楚人。

少師彊

英賢傳有少師彊。少師慶。俱魯人。

都尉朝

儒林傳。孔安國以今文讀古文尚書。得逸書一十餘篇。遭巫蠱。未立于學官。安國以諫大夫授都尉朝。都尉朝授膠河庸生。庸生授清河胡常少子。

徒人費

左傳。齊侯游於貝丘。見大豕。從者曰。公子彭生也公怒曰彭生敢見射之豕人立而啼公懼隊於車傷足喪屨反誅屨於徒人費弗得鞭之見血走出遇賊於門劫而束之費曰我奚御哉袒而示之背信之費請先入伏公而出鬬死於門中石之紛如死於階下遂入殺孟陽於牀曰非君也不類見公之足於戶下遂弑之而立無知徒人

賁不以受鞭含怨。出鬭以效。孟陽居牀。代公見殺。皆一時奇士。

祝其承先

漢清河郡尉。風俗通。宋戴公之子祝其為大司寇。因氏焉。

樂王茂

漢郎中令。

南門壖

路史。湯有膻行。天下之效之者且百國矣。又得慶誧、湟里沮、東門虛、南門壖、西門庇、北門側、七大夫佐、司御門尹、登恒爲佑。乃率六州攸徂之民以伐桀。

先賢撣

功臣表。先賢撣以匈奴單于從兄日逐王

孪衆降封歸德靖侯食邑三千二百五十戸撣音纒

長魚矯

左傳胥童夷羊五帥甲八百將攻郤氏長魚矯請無用衆公使清沸魋助之矯以戈殺駒伯苦成叔於其位溫季曰逃威也遂趨矯及諸其車以戈殺之皆尸諸朝注三

郤駒伯郤錡也苦成叔郤犨也溫季郤至也胥童以甲刼欒書中行偃於朝矯曰不殺二子憂必及君公曰一朝而尸三卿余不忍益也對曰人將忍君臣聞亂在朝爲姦在內爲軌御姦以德御軌以刑不施而殺不可爲德臣偪而不討不可爲刑德刑不立姦軌竝至臣請行遂出奔狄

素和跋

三國志。魏孝文時爲尚書。

西河子輿

馬援善別名馬。嘗受相馬骨法於揚子阿。子阿得之於丁君都。君都得之於儀長孺。長孺得之於西河子輿。

大野拔

晉青州刺史。又大野況爲都督。

司士賁

檀弓司士賁告于子游曰。請襲於牀。子游曰。諾。縣子瑣聞之曰。汰哉叔氏。專以禮許人。

阿跌光進

唐時爲振武節度使兼御史大夫。

重䰐氏

穆天子傳。庚辰至于滔水。濁繇氏之所食。天子東征。癸未至于蘇谷。骨飦氏之所衣被。乃遂南征。東還。丙戌至于長淡。重䰐氏之西疆。重䰐氏之所守。曰枝斯璿瑰。瑖瑤琅玕。玲瓏𤥭瓚。玗琪。徽尾。凡好石之器于是乎出。

門尹班

宋大夫。楚伐宋、宋使門尹班告急於晉、又宋人有門尹沮渠。

鉗耳知命

唐元和中爲長興令。淸介絕俗。民皆仰之。又五代天監初。自河南歸化。有鉗耳期陵。

浩星賜

漢書浩星賜與趙充國友善上書說充國曰衆人皆以破羌强弩出擊多斬首獲降虜以破壞然有識者以爲虜勢窮困兵雖不出必自復矣將軍即見宜歸功於二將軍出擊非愚所及如此將軍計未失也充國曰吾年老矣爵位已極豈嫌伐一時事以欺明主哉兵勢國之大事當爲後法老

臣不以餘命壹爲陛下明言兵之利害卒死誰當復言之者卒以其意對上然其計罷遣辛武賢歸酒泉太守充國復爲後將軍衛尉又漢有浩星公治穀梁春秋

大戊午

史記趙相肅侯游大陵出于鹿門大戊午扣馬曰耕事方急一日不作百日不食肅

侯下車謝。

閭葵班

見漢碑陰唐君。

伊祈玄解

杜陽雜編。元和中處士伊祈玄解。鬒髮童顏。上知其異人。密召入宮。處九華之室。設紫茭之席。飲龍膏之酒。嘗乘黃馬游青兗問與人話千年事歷歷如畫。

毋鹽盆

漢人見容齋隨筆。

華陽通

漢諫議大夫秦宣太后帝封華陽因氏焉。

又華陽雙漢駙馬都尉。

盆成括

劉向說苑括有小才未聞大道虞君嘗謂之曰今工者久而巧色者老而衰今人不及壯之時益積心精之巧以備將衰之色色者必盡乎老之前智謀無以異乎幼之時可好之色彬彬乎且盡洋洋乎安托無能之軀哉故有技者不累身而未嘗藏而色不得以常存蓋規之也括不悟事齊而

見殺。

鮮陽戩

漢揚州刺史。見漢書。

赫連逵

南北朝赫連逵取私帛酬胡人饋羊。曰。不可羊入我厨而物出官庫。

賀若弼

賀若弼仕隋爲大將軍慷慨驍勇博涉書記獻取陳十策文帝善之賜以寶刀卒能平定三吳先是父敦爲宇文護所害臨刑謂弼曰吾以舌死汝不可不慎引錐刺弼舌出血令緘其口

壽西長

漢人見昭帝紀

申屠嘉

列傳申屠嘉梁人也孝文時爲丞相門不受私謁是時大中大夫鄧通方愛幸嘉入朝見通居上旁有怠慢禮嘉奏事畢因言曰陛下愛幸羣臣則富貴之至於朝廷之禮不可以不肅罷朝嘉坐府中爲檄召通通恐入言上上曰汝第往吾今使人召若

通詣丞相府免冠徒跣頓首謝嘉責曰夫
朝廷者高皇帝之朝廷也通小臣戲殿上
大不敬當斬吏今行斬之通頓首首盡出
血不解上度丞相巳困通使使持節召通
而謝丞相曰此吾弄臣君釋之鄧通旣至
爲上泣曰丞相幾殺臣」又宋有申屠致遠
爲淮南江北道廉訪使淸修苦節恥事權

貲聚書萬卷名曰墨莊

擾龍宗

董卓廢帝爲弘農王立陳留王爲帝據有武庫甲兵卓欲震威侍御史擾龍宗詣卓白事不解劒立檛殺之見英雄記

尹午子叔

楚大夫敖尹午之後

雍門狄

越甲至齊雍門狄請死之齊王曰鼓之聲未聞矢石未交長兵未接子何務死知爲人臣之禮耶雍門狄對曰臣聞之昔者王田於圃左轂鳴車右請死之王曰子何爲死車右曰爲其鳴吾君也王曰左轂鳴者此工師之辠也子何事之有焉車右對曰

吾不見工師之乘而見其鳴吾君也遂刎頸而死有是乎王曰有之雍門狄曰今越甲至其鳴吾君豈左轂之下哉車右可以死左轂而臣獨不可以死越甲耶遂刎頸而死是日越人引軍而退七十里曰齊王有臣鈞如雍門狄疑使越社稷不血食遂歸齊王葬雍門狄以上卿之禮見劉向說

苑。又雍門周以鼓琴見孟嘗君。見淮、南子。

左師朙

宋嘉祐元年爲奉議郎。知大庾縣事。周有左師觸龍。因以爲氏。

覰斯贊

魏人。樂羊爲魏將而攻中山。其子在中山。中山之君。烹其子而遺之羹。樂羊坐於幕而啜之文侯謂覩斯贊曰樂羊以我之故食其子之肉贊對曰其子之肉尚食之其誰不食班彪曰羊忍爲此以怒衆而成功乃其情則非恝然無以天性爲者也覩斯贊之言其謫書之渠乎

子叔聲伯

姬姓魯文公之子公子叔肹之子爲子叔

氏。

奇姓通卷十三終

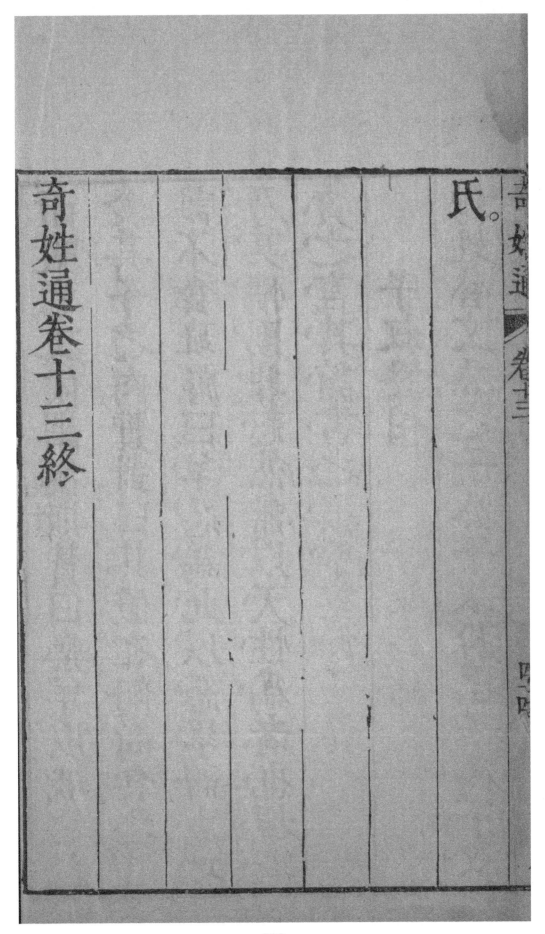

奇姓通卷十四 複姓

姑布子卿　似和舒

公孫渾邪　司城子罕

涇陽犨　墨如子高

黑台悺　深餘子養

榮叔逢　乘馬絺

公之魚　丁若堅

公甲叔子　韓褐子

第二從直　第八矯

惠牆伊戾　釐子班

叔仲會　籍丘子鉏

荔非某生　大陸子方

枝如子躬　公眀儀

瑕丘江公　阪上囂

段干越人　三烏羣

譸毒尼　陽城胥渠

西鄉曹　万俟湜

東野畢　熊相祁

可頻瑜　工尹商陽

茹達回謙　烏陵用章

子尚伯父　舒堅文叔

庫成述　公父文伯

子家羈　右宰穀

王叔簡公　車成將

曹牟君卿　茲母還

咸丘蒙　褚師子服

仲長統　顓頊和

臨侯望博　公上不害

落姑仲異　馬師皇

胥門巢　閑珊居集

湟里沮　太史敫

滕叔辛　徐吾犯

醜門于弟　拓拔守寂

公正範　公儀潛

魚孫瑋　西陵羔

哥舒翰　大山稽

何丘子　胥彌赦

赤誦子　赤將子輿

虞丘進　上成公

开官氏　右行

獳羊肩　成紀慕仁

子我封人　主父偃

不更首　答祿與權

夏父弗忌　東樓羽

鐵伐氏　端木賜

游稗子　徒師沼

司鴻苟　散宜生

司功景子　南伯子綦

盧蒲嫳　東里昆

正輿子　桐里斥生

公戶滿意　士孫瑞

屈侯鮒　馬適求

安國少季　子孟卿

養由基　屠門少

吾丘壽王　少施氏

溫伯雪子　右師細君

大夫但　瑕呂飴蜴

空相機　陵陽子明

邯鄲義　太公任

侯史光　公師藩

軒丘豹　敬顯儁

奇姓通卷十四 複姓

江陰夏樹芳茂卿輯

華亭陳繼儒仲醇校

姑布子卿

韓詩外傳曰孔子出衞東門逆姑布子卿下步姑布子卿迎而視之五十步從而望之五十步顧子貢曰是何爲者也子貢曰

賜之師所謂魯孔丘也姑布子卿曰得堯之顙舜之目禹之頸皐陶之喙從前視之盎盎乎似一王者從後視之高肩溺脊此所爲不及四聖者也子貢吁然子卿曰子何患焉汙面而不惡葭喙而不藉遠而望之羸乎若喪家之狗子何患焉子貢以告孔子無所辭獨辭喪家之狗曰丘何敢乎

子貢曰喪家之狗何足稱也子曰賜汝獨不見夫喪家之狗與既斂而椁布器而祭顧望無人意欲施之上無明王下無賢士方今王道衰政教失強凌弱衆暴寡百姓縱心莫之綱紀是固以丘爲當之者也丘何敢乎

似和舒

唐左威衛大將軍。赤水軍副使、武威公。

公孫渾邪

漢書。公孫渾邪。義渠人。景帝時爲隴西守。以將軍擊吳楚有功。封平曲侯。著書十五篇。

司城子罕

國策。士尹池爲荊使於宋。司城子罕觴之

南家之牆犨於前而不直西家之潦經其宮而不止士尹池問故子罕曰南家工人也爲鞔者也吾將徙之其父曰吾特爲鞔以食三世矣今徙之是宋國之求鞔者不知吾處也吾將不食願相國之憂吾不食也爲是故吾弗徙也西家高吾宮庳潦之經故宮也利故弗禁也士尹池歸荆荆王

適興兵而攻宋。士尹池諫曰。宋不可攻也。其主賢。其相仁。賢者能得民。仁者能用人。荊國攻之。其無功而爲天下笑乎。」又司城貞子。見孟子。

涇陽犨

漢駙馬都尉。

墨如子高

路史禹師於大成摯暨墨如子高學於西王悝實懋聖德夢自淵於河西舜進之拜治水土爵司空

黑台悺

漢書有黑台悺宋成公子黑台之後

梁餘子養

左傳晉太子帥師伐皋落氏獻公衣之偏

衣。佩之金玦。狐突御戎。先友爲右。梁餘子養御罕夷。先丹木爲右。羊舌大夫爲尉。先友曰。衣身之偏。握兵之要。在此行也。子其勉之。狐突歎曰。時事之徵也。衣身之章也。佩衷之旗也。故敬其事則命以始。服其身則衣之純。用其衷則佩之度。今命以時卒。閟其事也。衣之尨服。遠其躬也。佩以金玦。

棄其衷也服以遠之時以閟之尨涼冬殺
金寒玦離胡可恃也雖欲勉之敵可盡乎
梁餘子養曰師師者受命於廟受脤於社
有常服矣不獲而尨命可知也死而不孝
不如逃之罕夷曰尨奇無常金玦不復雖
復何爲君有心矣先丹木曰是服也狂夫
阻之曰盡敵而反敵可盡乎雖盡敵猶有

內讒不如違之狐突欲行羊舌大夫曰不可違命不孝棄事不忠雖知其寒惡不可取子其死之大子將戰狐突諫曰不可昔辛伯諗周桓公曰內寵並后外寵二政嬖子配適大都耦國亂之本也今亂本成矣立可必乎孝而安民子其圖之與其危身以速辠也

滎叔遥

鄭大夫。見通志。

乘馬絺

漢將軍。見陳丞相世家。又漢諫議大夫有乘馬延年。見漢書溝洫志。

公之魚

史記。季桓子病。輦而見孔子于魯城。喟然

歎曰昔此國幾興矣以吾獲辠於孔子故不興也顧謂其嗣康子曰我卽死若必相魯相魯必召仲尼後數日桓子卒康子代立已葬欲召仲尼公之魚曰昔吾先君用之不終終爲諸侯笑今又用之不能終是再爲諸侯笑康子曰則誰召而可曰必召冉求求將行孔子曰歸乎歸乎吾黨之小

子狂簡斐然成章吾不知所以裁之

丁若堅

晉高密人爲遂典令

公甲叔子

魯大夫左傳吳師克東陽而進舍于蠶室公賓庚公甲叔子與戰于夷獲叔子與析朱鉏獻于王

韓褐子

說苑。韓褐子濟於河。津人告曰。夫人過於此者。未有不快用者也。而子不用乎。韓褐子曰。天子祭海內之神。諸侯祭封域之內。大夫祭其親。士祭其祖禰。僕也未得事河伯也。津人申楫舟。中水而運。津人曰。向也役人。固已告矣。夫子不聽役人之言也。殆治裝衣而下游乎韓褐子曰吾不爲人之惡我而改吾志不爲我將竦而改吾義言未已舟泆然行韓褐子曰詩云莫莫葛藟施於條枚愷悌君子求福不回鬼神且不回況于人乎」又韓褐胥居趙肅侯大夫

第二從直

唐玄宗時任中尉其先齊諸田氏漢武帝

徙廣陵。以門秩次第爲第二氏。

第八𤥬

王莽時講學大夫。亦齊諸田之後。

惠牆伊戾

左傳杜注。惠牆。姓。伊戾。名。宋平公生佐。惡而婉。太子痤美而狠。合左師畏而惡之。惠牆伊戾爲太子內師而無寵。楚客聘於晉。

過宋。太子知之。請野享之。公使往。伊戾請
從之。公曰。夫不惡汝乎。對曰。小人之事君
子也。惡之不敢遠。好之不敢近。敬以待命。
敢有二心乎。縱有共其外。莫共其內。臣請
往也。遣之。至則欿用牲。加書徵之。而騁告
公曰。太子將爲亂。既與楚客盟矣。公曰。爲
我子。又何求。對曰。欲速。公使視之。則信有

焉問諸夫人與左師則皆曰固聞之公囚太子太子曰惟佐也能免我召而使請曰日中不來吾知死矣左師聞之聒而與之語過期乃縊而死佐爲太子公徐聞其無辠也乃烹伊戾

鬭子班

楚大夫出鬭子觀起之後

叔仲會

魯人。仲尼弟子。又左傳有叔仲帶、竊襄公之拱璧、以得辠於魯。

籍丘子鉏

齊人。左傳。定公八年。魯侵齊。門于陽州。顏高奪人弱弓。籍丘子鉏擊之。與一人俱斃。且射子鉏中頰而殪。

荔非某生

唐寶應節度使又荔非元禮寧州人

大陸子方

左傳成子將殺大陸子方陳逆請而免之以公命取車於道出雍門陳豹與之車弗受曰逆爲余請豹與余車余有私焉事子我而有私於其讎何以見魯衛之士

枝如子躬

左傳。平王封陳蔡。復遷邑。使枝如子躬聘于鄭。且致犨櫟之田。

公明儀

曾南武城人。儀嘗問於曾子曰。夫子可以爲孝乎。曾子曰。是何言與。亨孰羶薌。嘗而薦之。非孝也。養也。養可能也。敬爲難。敬可能也安爲難安可能也卒爲難父母既沒慎行其身不遺父母惡名可謂能終矣」嘗爲子張門人甚尊其師子張歿公明儀爲志焉褚幕丹質蟻結於四隅殷士也出祭法檀弓」又公明宣南武城人學於曾子三年不讀書曾子問之宣曰夫子居庭親在叱咤不及於犬馬應賓客恭儉而不懈惰

居朝廷臨下而不毀傷三者宣悅之學而未能也安敢不學乎

瑕丘江公

漢書瑕丘江公受穀梁氏春秋及詩於魯申公武帝時江公與董仲舒並仲舒能持論而江公吶于口比輯其議卒用董生

阪上嚚

晉惠帝時。爲殿中將軍。

段干越人

國策。段干越人謂新城君曰。王良之弟子駕千里馬。造父之弟子曰。馬不千里。王良弟子曰。馬。千里之馬也。服。千里之服也。而不能取千里。何也。曰子纆牽長。故纆長。于事萬分之一也。而難千里之行。今臣雖不

肖于秦亦萬分之一也而相國見秦不釋
塞者是纒牽長也

三烏羣

漢三烏羣上郡人見風俗通潛夫論云三
烏五鹿青牛白馬氏於志者也

譸毒尼

功臣表漢武帝時匈奴王受降封下摩侯

傳封三代。

陽城胥渠

呂覽趙簡子有兩白螺而甚愛之陽城胥渠處廣門之官夜款門而謁曰主君之臣胥渠有疾醫教之曰得白騾之肝病則止不得則死謁者入通董安于御于側慍曰譆胥渠也期吾君騾請即刑焉簡子曰夫

殺人以活畜不亦不仁乎殺畜以活人不亦仁乎于是召庖人殺白騾取肝以與陽城胥渠處無幾何趙興兵而攻翟廣門之官左七百人右七百人皆先登而獲甲首人主其胡可以不好士又陽城延漢功臣封梧齊侯。

西鄉曹

周時隱者。風俗通。宋大夫西鄉錯之後。

万俟湜

宋大觀中知護州。公勤清約。有善政。人稱之曰。前有王琪。後有万俟。

東野畢

家語。魯定公問於顏回曰。子亦聞東野畢之善御乎。對曰。善則善矣。其馬將必佚。定公色不悅後三日牧來訴之曰東野畢之馬佚兩驂曳兩服入於廄公促駕召顏回問曰吾子奚以知之顏回對曰以政知之昔者帝舜巧於使民造父巧於使馬舜不窮其民力造父不窮其馬力是以舜無逸民造父無佚馬今東野畢之御也升馬執轡衘體正矣步驟馳騁朝體畢矣歷險致

遠。馬力盡矣。然而猶乃求馬不已。臣以此知之。夫鳥窮則啄。獸窮則攫。人窮則詐。馬窮則佚。自古及今未有窮其下而能無危者也。公乃大悅。

熊相祁

楚懷王將軍。

可頻瑜

宋建中中藍田尉。

工尹商陽

家語楚伐吳工尹商陽與陳弃疾追吳師。及之弃疾曰王事也子手弓而可商陽手弓弃疾曰子射諸射之斃一人韔其弓又及弃疾復謂之斃二人每斃一人輒掩其目止其御曰吾朝不坐燕不與殺三人亦足以反命矣。孔子聞之曰。殺人之中又有禮焉。

茹達回謙

洪武中長沙知府。

烏陵用章

金史。烏陵用章多智謀。爲大興尹。建策禦賊。應變出奇。封衞國公。

子尚伯父

鄭大夫陳僖公生稟丘子尚意因氏焉

舒堅文叔

潛夫論楚公族有舒堅文叔爲大夫。

庫成述

南北朝石趙奉車騎尉。

公父文伯

魯大夫悼子之孫母敬姜有賢德

子家羈

左傳叔孫成子逆公之喪於乾侯季孫曰子家子亟言於我未嘗不中吾志也吾欲與之從政子必止之且聽命焉子家子不見叔孫易幾而哭叔孫請見子家子子家子辭叔孫使告之曰公衍公爲實使羣臣

不得事君若公子宋主社稷則羣臣之願也凡從君出而可以入者將惟子是聽對曰若立君則有卿士大夫與守龜在羈弗敢知若從君者則貌而出者入可也寇而出者行可也若羈也則君知其出也而未知其入也羈將逃也

右宰穀

衛大夫見公羊傳

王叔簡公

國語晉既克楚于鄢使郤至告慶于周未將事王叔簡公飲之酒交酬好貨皆厚飲酒宴語相悅也明日王叔子譽諸朝郤至見召桓公與之語召公以告單襄公曰王叔子譽溫季以爲必相晉國相晉國必大

得諸侯勸二三君子必先導焉可以樹註
王叔簡公周大夫王叔陳生也

車成將

路史晉校尉有車成將姓苑苦成庫成古
成車成皆出于苦

曹牟君卿

先賢傳有曹牟君卿

茲母還

左傳公會齊侯于夾谷孔丘相犂彌言于齊侯曰孔丘知禮而無勇若使萊人以兵刼魯侯必得志焉齊侯從之孔丘以公退曰士兵之兩君合好而裔夷之俘以兵亂之非齊君所以命諸侯也裔不謀夏夷不亂華俘不干盟兵不偪好於神為不祥於

德爲愆義於人爲失禮君必不然齊侯聞之遽辟之將盟齊人加於載書曰齊師出境而不以甲車三百乘從我者有如此盟孔丘使茲母還揖對曰而不反我汶陽之田吾以共命者亦如之

咸丘蒙

隱士見孟子

褚師子服

周時褚師子服爲宋大夫又褚師圃爲衛大夫

仲長統

高平人少好學博覽書記贍於文辭爲尚書郎每談及時事輒發憤歎息因著論名曰昌言東海繆襲常稱統文章足繼西京

之盛可步董賈劉揚

顓頊和

神仙傳有太玄女顓頊和

臨侯望博

春秋運斗樞帝舜時有臨侯望博註臨侯國氏今趙之臨城是也

公上不害

功臣表。漢高六年爲太僕擊代豨有功。封汲紹侯。又晉有公上延孫。永泰中南沙令。王敬則反延孫以兵應之。敬則平。贈爲射聲校尉。

落姑仲異

漢落姑仲異爲博士。先是曾大夫食采於落姑。因以爲氏。

馬師皇

列仙傳。黄帝時治馬醫也。知馬形氣死生之脈。理之輒愈。後有龍下向之。垂耳張口。師皇曰。此龍有病。知我能理。乃于唇下用八法神鍼。須臾龍夭矯飛去。

胥門巢

左傳。哀公十一年。公會吳子伐齊。胥門巢將上軍戰于艾陵。國子敗胥門巢。

閉珊居集

唐時人精卜筮之學。其法用細竹四十九枝。或以雞骨代之。占算輒應。夷中稱爲筮師。

湼里沮

路史。七大夫有慶誧湼里沮。

太史敫

莒人。淖齒之亂。湣王子法章變姓名爲敫家傭。敫女奇其狀貌。竊衣食之。王孫賈攻殺齒田單復齊七十餘城。立法章爲齊王。太史氏女爲后。是爲君王后。敫曰。女不取而自嫁。非吾女也。汙吾世。終身不覩君后。后賢。不以不覩失人子禮。又三國志太史慈字子義。黄縣人。北海相孔融聞其名。而奇之。數饋問其母。及融爲黄巾賊所圍。慈爲說劉備求援兵以解北海之圍。孫策東渡。以慈爲武昌都尉。慈猿臂善射。弦不虛發。嘗從討賊。攀緣樓上行詈。以手持樓棼。慈引矢射之。矢貫手着棼。其妙如此。慈子太史亨。歷官尚書。

滕叔辛

老列時人。滕叔繡之後。

徐吾犯

左傳。鄭徐吾犯之妹美。公孫楚聘之矣。公孫黑又使强委禽焉。犯懼。告子產。子產曰。是國無政。非子之患也。唯所欲與。犯請於二子。請使女擇焉。皆許之。子晳盛飾入布

幣而出子南戎服入左右射超乘而出女自房觀之曰子晳信美矣抑子南夫也適子南氏

醜門子弟

漢人。

拓拔守寂

唐人開元後右監門大將軍孫乾暉銀州

刺史姪澄。銀州刺史。

公正範

吳人。宋時爲朝邑令。

公儀潛

魯人。砥功礪行。恬於榮利。不事諸侯。子思與之爲友。又公儀休。亦魯人。相穆公。嘗拔園葵出錦婦。奉法循理。百官自正。使食祿

者不得與下民爭利受大者不得取小曾君外左右請閉門休曰止池淵吾不稅蒙山吾不賦苛政吾不布吾已閉心矣何閉於門哉

魚孫瑋

唐人宋公子目夷字子魚其後以魚孫爲氏

西陵羔

春秋有西陵羔見世本西陵古侯國也黄帝娶西陵氏女爲妃

哥舒翰

唐史讀春秋知大義王忠嗣署爲牙將每出戰持半段鎗所向披靡天寶中封西平郡王子曜字子明唐德宗嘗謂曰爾父開

元時朝廷無西憂今得卿亦無東慮眞萬里長城也

大山稽

禪通紀大塡爲黃帝師大山稽爲黃帝司徒

何丘子

春秋時楚人又南北朝有何丘就何丘寄

一殿中將軍。一列成將軍。

胥彌赦

左傳。衞侯夢于北宮。見人登昆吾之觀。被髮北面而譟曰。登此昆吾之虛。緜緜生之瓜。余爲渾良夫。叫天無辜。公親筮之。胥彌赦占之曰。不害。與之邑。寘之而逃。奔宋。衞侯貞卜。其繇曰。如魚竀尾。橫流而方羊。裔

焉大國滅之將亾閭門塞賓乃自後踰註

赦衞筮史

赤誦子

淮南鴻烈解赤誦子上谷人病癘入山導

引輕舉假上

赤將子輿

列仙傳赤將子輿黄帝時人不食五穀而

噉百草花至堯時爲木工能隨風雨上下

時時于市中賣繳亦謂之繳父

虞丘進

東海郯人少從謝玄討苻堅封關內侯又從宋武帝征伐有功封龍川縣侯時盧循逼都廷議奉天子過江進不可面折孟昶武帝嘉之除鄱陽太守

上成公

後漢書。密縣上成公白日昇天。

开官氏

开。音堅。複姓。漢魯相韓敕復繇發碑顏氏聖舅家居魯親里。开官聖妃在安樂里。聖族之親。禮所宜異。復邑中繇發。以尊孔氏。

右行綽

漢右行綽爲御史中丞晉七大夫有右行賈華因以爲氏

獳羊肩

左傳石厚從州吁如陳石碏使告於陳曰衛國褊小老夫耄矣無能爲也此二人者實弒寡君敢卽圖之陳人執之而請涖於衛九月衛人使右宰醜涖殺州吁於濮石

碏使其宰獳羊肩涖殺石厚於陳君子曰石碏純臣也惡州吁而厚與焉大義滅親其是之謂乎

成紀慕仁

唐將軍見姓譜

子我封人

衞大夫曾叔孫成子生申字子我因氏焉

主父偃

臨淄人學長短縱橫術晚乃學易春秋百家之言武帝朝上書闕下朝奏暮召時徐樂嚴安亦上書言世務上曰公等安在何相見之晚也拜偃爲郎中一歲四遷後拜齊相徧召賓客散五百金與之

不更首

秦簡公時爲執法英賢傳云公子不更之後更音郎

答祿與權

永寧人博學强記仕元爲河南北道廉訪司僉事洪武初授翰林修撰

夏父弗忌

左傳八月丁卯大事於太廟躋僖公逆祀

也於是夏父弗忌爲宗伯尊僖公且明見曰吾見新鬼大故鬼小先大後小順也躋聖賢明也明順禮也君子以爲失禮禮無不順祀國之大事也而逆之可爲禮乎子雖齊聖不先父食久矣故禹不先鯀湯不先契文武不先不窋宋祖帝乙鄭祖厲王猶上祖也是以魯頌曰春秋匪解享祀不

忒。皇皇后帝。皇祖后稷。君子曰禮。謂其后
稷親而先帝也。詩曰問我諸姑。遂及伯姊。
君子曰禮。謂其姊親而先姑也。

東樓羽

杞大夫少康之後。支孫封爲東樓公。因爲
東樓氏。

鐵伐氏

赫連勃勃改其支庶爲鐵伐氏。言其剛銳堪伐人也。今雲南夷人有此姓、亦有登科者。

端木賜

子貢南游於楚。反於晉。過漢陰。見一丈人抱甕灌畦。搰搰然用力甚多而見功寡。子貢曰、有械於此、鑿木爲機、後重前輕、挈水若抽其名爲槔一日而浸百畦夫子不欲乎丈人忿然作色而笑曰有機械者必有機事有機事者必有機心機心存於胷中則純白不備純白不備則神生不定神生不定者道之所不載也吾非不知羞而不爲也

游肆子

英賢傳游稗子著書言法家之事

徒師沼

說苑有徒師沼治魏而市無預價有郄辛治陽而道不拾遺芒卯在朝而四鄰賢士無不相因而見

司鴻荀

風俗通司鴻荀善著書

散宜生

方山人物考紂惡貫盈諸侯去殷而翼西伯宜生曰殷可伐也文王弗許宜生乃與虢叔太顛閎夭南宮适迪西伯彝教惠鮮懷保修和有夏以受有殷命及武王伐商至紂宮宜生執劍以衛厥後周公留召公作君奭以追道文王時事惟以虢叔等五

臣爲首稱而宜生則實居其一焉。朱晦庵傳注。散氏。宜生名及考古今人表。堯娶散宜氏。則散宜複姓也。見楊升庵集。

司功景子

周時晉大夫。

南伯子綦

莊子。子綦游商丘而得道。又有南伯子葵。

與女偶論道。

盧蒲嫳

左傳。齊侯田於莒。盧蒲嫳見。泣且請曰。余髮如此種種。余奚能爲。公曰諾。吾告二子。歸而告之。子尾欲復之。子雅不可曰。彼其髮短而心甚長。其或寢處我矣。九月子雅放盧蒲嫳于北燕。

東里昆

三國志。東里昆爲南陽太守。

正輿子

左傳。齊侯伐萊。萊人使正輿子賂夙沙衛。以索馬牛皆百匹。齊師乃還。君子是以知齊靈公之爲靈也。

桐里斥生

漢御史中謁者。

公戶滿意

史記世家漢武帝崩昭帝初立燕王旦怨望與齊王子劉澤等謀爲叛逆大中大夫公戶滿意謂王曰古者天子必內有異姓大夫所以正骨肉也外有同姓大夫所以正異族也周公輔成王誅其兩弟故治武

帝在時尚能寬王今昭帝始立富於春秋未臨政委任大臣古者誅罰不阿親戚故天下治方今大臣輔政奉法直行無敢有阿恐不能寬王王可自謹毋令身死國滅爲天下笑後且復與左將軍上官桀等謀反于是修法直斷遂自殺國除漢書公戶滿意高堂生弟子傳士禮十七篇

士孫瑞

字君策漢扶風人有才謀與王允誅董卓有功而不侯司馬公稱之

屈侯鮒

魏賢人見風俗通

馬適求

漢書馬適求鉅鹿男子也謀舉燕趙兵以

誅莽遂見害。又昭帝紀馬適建爲漢擊賊

安國少季

南越尉佗傳安國少季霸陵人元鼎四年漢使安國少季往諭王王太后以入朝比內諸侯令辨士諫大夫終軍等宣其辭王年少太后中國人也嘗與安國少季通其使復私焉國人頗知之多不附太后太后

恐亂起亦欲倚漢威數勸王及羣臣求內屬卽因使者上書請比內諸侯天子許之

子孟卿

齊簡王時爲大夫姬姓魯公子子孟之後

養由基

楚共王獵見白猿射之猿繞樹避箭莫可控搏因命養由基射之方調弓未發猿抱

樹以泣應聲而下矣或曰餐由基楚大夫

屠門少

漢人見容齋隨筆又屠門高秦人作琴引

吾丘壽王

趙人字子贛年少以善格五待詔爲侍中丞相公孫弘奏禁民挾弓弩壽王以爲無益於禁姦徒擅賊威而奪民救漢元狩初

汾陰得寶鼎羣臣皆賀上得周鼎壽王獨曰天祚有德而寶鼎自出天之所以與漢也乃漢鼎非周鼎武帝善之賜黃金四十斤累官光祿大夫

少施氏

周人家語孔子食於少施而飽

溫伯雪子

呂氏春秋。溫伯雪子如齊。孔子見之。不言而出。子貢曰。夫子之欲見溫伯雪子好矣。見之而不言。其故何也。孔子曰。若夫人者。目擊。而道存。不可以容聲矣。

右師細君

漢博士。習曾論語。

大夫但

淮南王傳大夫但大夫姓也但音丹

瑕呂飴甥

瑕呂姓飴甥名字子金左傳晉侯使郤乞告瑕呂飴甥且召之子金教之言曰孤雖歸辱社稷矣其卜貳圉也衆皆哭晉於是乎作爰田呂甥曰君亡之不恤而羣臣是憂惠之至也將若君何衆曰何爲而可對

曰征繕以輔孺子諸侯聞之喪君有君羣臣輯睦甲兵益多好我者勸惡我者懼庶有益乎衆悅晉於是乎作州兵

空相機

晉惠帝時人史記商后有空相氏

陵陽子眀

列仙傳陵陽子眀漢銍鄉人釣魚於涎谿

得魚腹中書遂明服食之法久乃仙去唐
詩白龍巳謝陵陽去黃鶴還來喚子安

邯鄲義

直節不附梁冀又邯鄲淳博綜才辯善蒼
雅蟲篆諸家臨菑侯曹植宿聞淳名會得
淳喜甚延入坐時天暑植因呼取水自澡
傅粉遂科頭拍袒作胡舞椎鍜跳丸擊劍

誦俳優小說數千言訖謂淳曰邯鄲生何如耶於是乃更衣幘整儀容與淳評說混元造化之端品物區別之意然後議論羲皇以來聖賢名臣烈士優劣之差次誦古今文章賦誄及當官政事宜先後又論用武行兵奇正倚伏之勢至坐席默然無與抗者黃初初以淳爲博士給事中作投壺

賦千餘言奏之文帝以爲工賜帛千匹

太公任

孔子圍於陳蔡之間太公任爲弔又宋有

太公鼎爲戸部郎

侯史光

字孝明掖縣人幼有才悟晉太始初拜散

騎常侍持節巡省風俗及還奏事稱旨進

爵臨海侯詔曰光精忠亮篤素有秉正嫉
邪之心復進御史中丞歷官著績文筆奏
議皆有條理

公師藩

成都王頴既廢河北思之鄴中故將公師
藩等起兵以迎頴頴衆情翕然復拜頴鎮軍
大將軍都督河北諸軍事

軒丘豹

栗太子廢。欲以梁孝王爲後嗣。大臣及袁盎等有所關說於景帝。立膠東王爲太子。梁王怨袁盎及議臣。乃與羊勝公孫詭之屬。陰使人刺殺袁盎。及他議臣十餘人。逐其賊未得也。於是天子意梁王。捕公孫詭羊勝。二人匿王後宮。使者責二千石急。梁相軒丘豹進諫王王乃令勝詭皆自殺。

敬顯儁

字孝英平陽人從北齊神武帝平寇難敗侯景平壽春定淮南略地三江口多築城堡官至兗州刺史。